国家自然科学基金青年项目《分享经济模式下供给者定价研究：从亲社会行为的视角》(项目编号 71802136)、国家自然科学基金面上项目《企业社会化媒体营销效果与机制的研究》(项目编号 71572004)、上海市浦江人才项目《社会网络环境下知识付费平台生产者分享行为研究》(项目编号 18PJC101)研究成果

社会化媒体营销

效果衡量与运营策略

万飞 著

SOCIAL
MEDIA
MARKETING

Effect measurement and operation strategy

企业管理出版社
ENTERPRISE MANAGEMENT PUBLISHING HOUSE

图书在版编目（CIP）数据

社会化媒体营销：效果衡量与运营策略 / 万飞著.
-- 北京：企业管理出版社, 2022.10
ISBN 978-7-5164-2317-2

Ⅰ. ①社… Ⅱ. ①万… Ⅲ. ①网络营销 Ⅳ.
①F713.365.2

中国版本图书馆CIP数据核字（2022）第185755号

书　　名：社会化媒体营销：效果衡量与运营策略
作　　者：万　飞
责任编辑：张　羿
书　　号：ISBN 978-7-5164-2317-2
出版发行：企业管理出版社
经　　销：新华书店
地　　址：北京市海淀区紫竹院南路17号　　**邮　　编**：100048
网　　址：http://www.emph.cn　　**电子信箱**：26814134 @qq.com
电　　话：编辑部（010）68456991　　发行部（010）68701816
印　　刷：北京虎彩文化传播有限公司
版　　次：2022年10月第1版
印　　次：2022年10月第1次印刷
开　　本：710mm × 1000mm　1/16
印　　张：15.25
字　　数：205千字
定　　价：78.00元

目录

第一章 绪论

第一节 研究背景

社会化媒体（Social Media）是一种强调用户参与的新型在线媒体，兼具媒体属性和社交属性。随着 Web2.0 和移动互联网的发展，社会化媒体凭借其社会网络的属性，形成了强大的关系链，实现了信息的广泛、快速传播，并逐渐改变着人们的行为方式。当前情况下，社会化媒体与其他应用（如购物网站等）相结合，借助其他应用的用户基础，逐渐由人们进行日常沟通的孤立媒介，成为一切日常活动的自然组成部分。

一、社会化媒体

社会化媒体这一概念早在 1997 年 Bruce Ableson 和 Susan Ableson 创建“Open Diary”时就已产生，然而，学术界及企业界至今仍未给出社会化媒体的明确定义，社会化媒体的概念经常与 Web2.0 和用户生成内容混淆。本节将明确“社会化媒体”这一概念，界定本书研究范围。

Web2.0 最早由 Tim O’Reilly 和 Dale Dougherty 于 2004 年提出，

该平台上的所有内容和应用不再仅仅由系统或单个个体创造和发布，而是由所有用户持续参与创造修改（Kaplan 和 Haenlein，2010）。在 Web2.0 平台上，用户全权控制自己所发布的内容。因此，Web2.0 强调用户参与、用户体验与用户交互。为支持平台的这些功能，Web2.0 结合了 Adobe Flash（在网页中添加动画、互动及音频、视频）、RSS（Really Simple Syndication，简易信息聚合，用于同步网站内容）和 AJAX（Asynchronous Java Script，与服务器交换数据以更新部分网页，而不需要重新加载整个页面）等技术。常见的 Web2.0 服务包括博客、比特流、维基百科等个人级应用，以及广告联盟等企业级应用。Web2.0 为社会化媒体提供了技术基础和实现理念。

用户生成内容（User Generated Content，UGC）是用户在社会化媒体平台上所有行为的总和，是 Web2.0 环境下一种新兴的信息资源创作与组织模式（Kaplan 和 Haenlein，2010）。用户生成内容与社会化媒体密不可分，用户生成内容是社会化媒体的一部分，而社会化媒体则是用户生成内容的展现平台。按照生成内容的主体类型和目的划分，用户生成内容可分为个人用户生成内容（Individual User Generated Content，IUGC）和企业生成内容（Marketer Generated Content，MGC）两种。当前，企业生成内容成已为社会化媒体平台上的一种重要内容形式，与个人用户生成内容不同的是，企业生成内容由企业或组织生成，可能是企业或组织的商业活动和日常活动，我们可以将其作为用户生成内容的一种特殊形式。

基于以上 Web2.0、用户生成内容及企业生成内容的定义，社会化媒体可以被定义为：以 Web2.0 的技术及理念为基础，允许互联网用户生成内容、修改内容和分享内容的平台（Kaplan 和 Haenlein，2010；Kietzmann 等，2011）。

基于以上定义，我们可以发现，社会化媒体创造了新的内容生成和内容传播方式，为每个用户提供了创造和传播内容的机会。与传统媒体相比，社会化媒体一般具有以下几个特征（Mayfield，2008）。

1. 互动性

社会化媒体鼓励所有用户生成内容和反馈内容，打破了传统媒体与用户之间的隔阂。

2. 开放性

所有用户都可以生成、评论和分享内容，无障碍地参与和使用社会化媒体。

3. 会话性

传统媒体采用“广播”方式，内容由媒体向用户单向传播；而社会化媒体信息在媒体和用户之间双向流动，形成了互动交流，信息可以像病毒一样迅速而高效地蔓延。

4. 社区性

在社会化媒体平台上，用户可以根据个人兴趣形成社区，在社区内交流。

5. 连通性

消费者可以凭借社会化媒体的连通性，获得各类资源。

当前，社会化媒体井喷式发展繁荣，形式多样，与其他应用相结合，涵盖了大部分的互联网应用。研究者基于社会化媒体的功能，对社会化媒体进行了分类（Kaplan 和 Haenlein，2010；Keitzmann 等，2011）。Keitzmann 等（2011）认为社会化媒体具有七大功能块：身份，表示用户展现自我的程度；关系，表示用户与他人联系的密切程度；会话，表示用户与他人交流的强度；分享，表示用户传播与接收信息的程度；参与，表示用户对他人身份的感知；名誉，表示用户对自我、对他人的社会地位的感知；社区，表示用户聚集或属于某一社区的情况。社会化媒体的以上 7 个功能可以被划分为两类：自我表露及社会临场感。自我表露包括身份、名誉这两个功能，社会临场感包括关系、会话、分享、参与和社区这 5 个功能。如表 1–1 所示，即根据自我表露和社会临场感这两个方面，对当前社会化媒体的格局分类进行了总结。

表 1–1　社会化媒体的分类

社会临场感 / 自我表露	低	中	高
高	博客	社会网络网站，如 Facebook、Twitter、微博等	虚拟世界，如第二人生
低	协同项目，如维基百科	内容社区，如 Youtube	虚拟游戏世界，如魔兽世界

本书将基于微博这一类的社会网络网站研究企业社会化媒体营销。微博是基于社交关系进行信息传播的平台，该平台更倾向于弱社交关系，通过人与人之间的“关注”“被关注”建立关系。用户发布的微博内容实时展现在微博平台上，其他所有用户均可以查看。每条微博博文除文字内容外，还可以添加超链接、图片、音频和视频，甚至可以利用微博工具，发布承载信息量更丰富的长微博和多图微博，

形成融合了多种营销手段和功能的微博博文。微博通过“转发”“评论”传播信息，实现每条博文的病毒式传播。

由此可见，社会化媒体在发挥重要的信息传播和组织功能的基础上，颠覆了传统媒体的信息传播方式。当前，社会化媒体服务在个人层面和企业层面应用广泛，改变了人们的传统思维和观念，改变了企业品牌推广和营销的环境，在社会经济领域产生了深远影响。

二、社会化媒体在个体层面的应用现状

从美国的 Facebook、Twitter、Youtube、Instagram 等到我国的微信朋友圈、QQ 空间、微博等，社会化媒体在人群中迅速普及。用户可依托社会化媒体平台生成内容，实时公开表达自己的意见，评论转发他人发布的信息，进行社交互动。同时，社会化媒体兼具媒体属性，促进了内容的聚合和传播，使其能够演化为实时的病毒式传播对话流。

社会化媒体近年来发展迅速。2020 年 Facebook 第四季度财报显示，Facebook 为全球用户使用率最高的社会化媒体服务，截至 2020 年 12 月份，Facebook 日活跃用户（Daily Active Users，DAU）平均达到 18.4 亿，Facebook 月度活跃用户（Monthly Active Users，MAU）为 28 亿，较上年增长 12%。当前，我国社会化媒体的发展速度也非常迅猛。其中，QQ、微信和微博是我国最大的社会化媒体平台。QQ 和微信是基于熟人社交形成的社会化媒体平台，随着用户规模的扩大及产品功能的丰富，逐渐引入了弱社交关系，在产品内部形成了多个平行、自成体系的圈子。据 2021 年腾讯第一季度财报显示，微信月活跃用户达到 12.5 亿，QQ 月活跃用户为 6 亿，中国互联

网用户使用率分别为78.7%、67.4%。微博是基于社交关系进行信息传播的平台，该平台更倾向于弱社交关系，通过人与人之间的“关注”“被关注”建立关系，通过“转发”“评论”传播信息。随着发展战略的调整，微博逐渐转换为垂直化的兴趣社区，兼具社区属性与媒体属性。据2021年微博第一季度财报显示，微博月活跃用户达到了5.11亿，互联网用户使用率为39%。抖音等新型社会化媒体的发展速度也非常迅猛，截至2020年8月，抖音日活跃用户突破6亿，而截至2020年12月，抖音日均视频搜索次数则突破4亿。

三、社会化媒体在企业层面的应用现状

社会化媒体的应用不仅体现在个体层面，在企业层面也逐渐普及。在企业内部，企业员工可以利用社会化媒体更快地获取工作相关的信息和资源，以解决工作中的相关问题。在企业外部，企业通过在社会化媒体平台上开通企业账号，可以将具有相同兴趣和行为模式的用户聚集在一起，帮助企业与消费者建立紧密联系，优化业务流程，改善企业运营状况。

各类企业在社会化媒体平台上开通企业账号，基于社会化媒体上用户形成的互相连接的人际关系，不仅可以进行品牌营销，将自己的企业文化、品牌价值和产品动态等信息通过社会化媒体加以推广，而且，企业还可以利用社会化媒体平台进行客户关系管理，维护与现有消费者的关系，提高客户忠诚度，同时发掘潜在消费者，将其转化为现实消费者。企业社会化媒体应用给传统的营销模式带来了深刻变革并产生了深远的影响。

首先，企业可以通过社会化媒体提高企业的曝光量。企业在社

会化媒体平台上发布相关的服务和产品信息，利用社会化媒体平台上形成的网络关系，大大增加了企业在社会化媒体平台上的曝光量。曝光量的增加使企业能够与潜在消费者进行更加广泛的互动，将潜在消费者转化为真正的消费者，促进产品销量增长（Dhar 和 Chang，2009）。

其次，企业可以通过社会化媒体对消费者进行管理，持续深化关系。企业与消费者通过社会化媒体平台建立社交关系网络，进行交流。消费者可以在社会化媒体平台上与企业和其他消费者分享产品和服务体验。企业可实时关注、追踪消费者会话，给予及时反馈，解决消费者问题，以维持或重塑消费者信心。此外，消费者还可以通过社会化媒体参与企业的产品设计和开发过程，表达对企业产品服务的期望和设想，企业可以通过吸取消费者意见，设计和开发出消费者满意的新产品。因此，消费者在社会化媒体平台上的参与使得消费者访问频率提高（Rishika 等，2013），进而提高了消费者品牌信任和忠诚度（Laroche 等，2012；Laroche 等，2013）。

最后，社会化媒体在吸引个人消费者的同时，也吸引了其他企业用户，企业通过社会化媒体可以寻找更加合适的合作伙伴。社会化媒体的属性使得企业在寻找合作伙伴时能够获取更加全面和完善的信息，更容易判断合作伙伴的经验和能力，从而为企业带来潜在的合作机会。

据中国互联网络信息中心第 39 次《中国互联网络发展状况统计报告》显示，社会化媒体营销推广已逐渐成为主流的互联网营销方式。企业互联网营销过程中，微博营销推广使用比例为 27.9%，微信营销推广使用比例为 25.2%，该比例正在逐年增加。企业社会化媒体平台营销成本也逐年增加，据易观产业数据库发布的《中国社会化媒体广告及营销市场检测报告》显示，2016 年第三季度，我国社会化媒体营销市场规模达到 63.8 亿元，环比增长 17.7%，且多数企业计划增加社会化媒体营销支出。

四、企业社会化媒体营销面临的难题

企业将社会化媒体营销作为一种重要的营销方式，投入大量资源进行社会化媒体营销，鉴于此，它们期望准确衡量社会化媒体营销的效果。量化企业社会化媒体营销的效果，发现社会化媒体营销过程中的问题，对企业调整社会化媒体营销战略具有非常重要的作用（Hoffman 和 Fodor，2010）。然而，根据盖洛普咨询公司发布的美国消费者调查报告，企业尚未就社会化媒体营销的效果及效果的产生机制达成共识（Ed O'Boyle，2014）。

当前情况下，企业在进行社会化媒体营销时往往面临以下难题。

第一，企业在进行社会化媒体营销时没有制定切实有效的营销战略。企业在进行社会化媒体营销时，由于不清楚社会化媒体营销的效果，缺乏具体的战略目标，往往不能制定切实有效的社会化媒体营销战略，也没有完整清晰的社会化媒体营销战略规划。在社会化媒体营销过程中，企业盲目投入人力和财力，造成了资源的浪费。因此，衡量社会化媒体营销的效果，对企业制定切实有效的营销战略具有重要的意义。

第二，大多数企业对社会化媒体的运营仍处在摸索阶段，尚未形成最佳的运营策略。企业生成内容是一种主要的社会化媒体运营方式。为形成信息的病毒性传播，企业需要借助合适的平台将合适的内容运用相应的资源进行扩散和传播。在社会化媒体平台上，内容的扩散和传播更快、更广，用户注意力更分散，这就要求企业生成更高质量的内容，但是，企业对生成内容的效果及哪种内容更加有效缺乏认知。因此，衡量企业生成内容类型的效果，识别有效的企业生成内容，对于企业社会化媒体的良好运营具有重要意义。

第三，企业在衡量社会化媒体营销的效果时，往往缺乏明确的评价指标。大多数企业仅将简单的粉丝数、转发数、点击数作为衡量社会化媒体营销效果的重要指标，甚至为了达成指标，盲目购买“僵尸粉”（虚假粉丝）等。因此，衡量社会化媒体营销效果产生的机制，选择合适的评价指标，对于企业优化社会化媒体营销实践具有重要的意义。

综上所述，对企业社会化媒体营销的效果进行合理的评价，既能够为企业进行社会化媒体营销提供理论依据，又有利于企业在进行社会化媒体营销实践时采取合理的行动，及时调整战略战术，提高社会化媒体营销投资绩效。

第二节 研究动机

本书将聚焦于企业社会化媒体营销，探索企业社会化媒体营销的效果和机制。以下将从企业社会化媒体营销实践和理论两方面阐述本书的研究动机。

一、从实践上，企业亟须制定有效的社会化媒体营销战略和运营战术

目前，大多数企业对社会化媒体营销的运营仍处在摸索阶段，尚未形成最佳的运营策略。据互联网实验室发布的《社会化媒体营销发展报告》显示，企业在进行社会化媒体运营时面临三大困境，包括实际回报率、内容与效果评估等。企业不知道社会化媒体营销是否有效，发布什么样的内容才能吸引消费者，以及采用何种方式评估社会化媒体的绩效。下面，将从这三个方面分别进行阐述。

首先，衡量社会化媒体营销的投资回报率是企业关注的焦点。当前，尽管企业投入了资金和人力进行社会化媒体营销，但仍然缺乏对社会化媒体营销投资回报率的认识，不能直接有效地衡量社会化媒体营销的效果，使用最优的社会化媒体营销策略进行营销（Kumar 等，2013）。目前有些企业尚未就社会化媒体营销是否有效达成一致。以通用汽车为例，通用汽车认为其在 Facebook 上的市场营销策略并不能增长其产品销量，因此中断了在社会化媒体营销上的投入。相反，另外一些企业则认为社会化媒体营销对企业绩效有正向影响。以戴尔为例，在 2007—2009 年间，戴尔官方微博账号在 Twitter 上持续发布特卖信息，与消费者互动。据戴尔官方数据显示，戴尔通过 Twitter 已获得超过 700 万美元的收入。以上两个相反的例子表明，衡量企业社会化媒体营销的效果至关重要。同时，企业的类型不同、参与程度不同，企业社会化媒体营销的效果也会有所不同。因此，企业需要对社会化媒体运营效果进行准确衡量，根据企业特征和产品特征，制定合适的社会化媒体营销运营策略。

其次，发布合适的内容是企业社会化媒体营销运营的重点。作为

企业数字品牌战略的核心，企业在内容营销上投入了大量资源。社会化媒体所承载的内容与形式越来越丰富多样，从文字、图片、音频到视频，几乎所有类型的信息都能在社会化媒体平台上快速广泛地传播。移动互联网的发展使得人们淹没在海量信息中，用户获取的信息量越来越大，注意力集中的时间也越来越短。因此，企业更需要关注社会化媒体营销运营时发布的内容，以便获取用户注意力。众多品牌通过内容营销取得了不同凡响的营销效果，为企业的品牌和产品带来了极好的网络口碑，然而，也有企业尽管投入了大量资源，生成各类内容，仍效果不佳。例如，麦当劳是全球在社会化媒体营销上投入最多的企业之一，其在 YouTube 建立了品牌频道，频繁发布内容，但是其订阅者仅有 20.4 万人。可口可乐公司推出了新的营销策略——从“卓越创意”转向“卓越内容”（基于社会化媒体的内容营销），然而，其 YouTube 品牌频道仍然只有 67.6 万名订阅用户。由此可见，很多企业在进行社会化媒体营销时，由于不得要领，没有生成合适的内容，社会化媒体营销的效果并不明显。因此分析社会化媒体营销内容的效果，为企业的社会化媒体内容营销提供理论指导，具有重要意义。

最后，掌握社会化媒体营销机制，有效评估社会化媒体营销投入的效果，对于企业的社会化媒体营销实践具有重要意义。企业在进行社会化媒体营销时往往缺乏有效的衡量指标，很多企业将官方微博粉丝数量作为衡量社会化媒体运营效果的一个重要指标，然而单纯追求粉丝数量的增长却未必能够带来企业销售业绩的提升。戴尔官方微博曾借助 Twitter 设置的“推荐用户”功能获得了大量粉丝，尽管其零售店销售额出现了增长，但与粉丝数的增长不成比例。戴尔官方认为，以 Twitter 默认方式关注戴尔账户的粉丝对企业销售增长没有价值。另外，借助名人的网络影响力也是企业社会化媒体营销常用的手段。名人推荐可影响消费者的购买决策从而促进企业销售，但有时名人效应也会适得其反。以美国最大的有线电视传输商 Comcast 为例，著名的技术博客 TechCrunch 创始人迈克尔·阿灵顿转发了 Comcast 官方微博账号发布的博文，并赞扬了他所体验到的优质服务，然而此举遭到了顾客的质疑，他们普遍认为该账号发布的博文只是宣传噱头，并不能为顾客提供服务。

由此可见，尽管企业尝试并大量使用社会化媒体，但它们对社会化媒体使用后是否产生效果、社会化媒体运营策略如何发挥效果以及什么是最佳的社会化媒体运营策略等一系列问题，并没有清晰的认识。衡量社会化媒体营销的投资回报率是必要的，同时企业管理人员需要明确社会化媒体营销策略是否有效（Hoffman 和 Fodor，2010）。因此，研究企业社会化媒体营销效果产生机制，提出有效的社会化媒体营销效果衡量指标，对于企业的社会化媒体营销实践具有重要意义。

二、从理论上，文献中对企业社会化媒体营销效果和效果产生机制的研究较少

首先，尽管文献中有关于社会化媒体个人用户生成内容对企业销售收入及其影响机制的研究，但是从企业角度出发，关于企业生成内容（尤其是社会化媒体的推广方式）的研究数量很少。个人用户生成内容指个人在社会化媒体平台上所有行为的总和（Kaplan 和 Haenlein，2010）。现存研究考虑了个人用户生成内容的多个方面，包括评论的数量、评论的情感、评论的来源等（Dellarocas 等，2007；

Shao，2012；Ye 等，2011；Karniouschina，2011；Liu，2006）。研究发现，评论数量与产品销量显著正相关，但文献尚未对评论情感与产品销量之间的关系形成一致结论（Liu，2006；Dellarocas 等，2007）。企业生成内容则指企业在社会化媒体平台上所有行为的总和。现存的对企业生成内容的研究主要基于单个企业的数据，集中在个体消费者层面（Goh 等，2013；Rishika 等，2013），从企业角度出发的研究较少，缺乏对企业社会化媒体营销一般规律的探索。

其次，以往文献讨论了企业特征对用户生成内容效果的调节作用，但企业特征对社会化媒体营销效果的调节作用的相关研究较少。研究发现，对低介入度产品，与用户在第三方网站生成的内容相比，用户在零售商内部网站上发布的内容对销量的影响更大；而对高介入度产品，用户在第三方网站上生成的内容对销量的影响更大（Gu 等，2008）。

再次，企业社会化媒体特征对社会化媒体营销的效果也有一定的影响。企业生成内容特征，如消费者感知内容的价值（Logan 等，2012）、内容类型（Smith 等，2012）、内容受欢迎程度（Erdoğmuş 和 Cicek，2012）和互动性（De Vries 等，2012）等，和消费者特征，如消费者购买频率（Rishika 等，2013）等，均对企业社会化媒体营销的效果有一定的影响。除此之外，考虑到企业与消费者之间的互动，企业使用社会化媒体的特征也对企业社会化媒体营销的效果有一定的影响。然而，文献中尚未涉及社会化媒体特征如何影响企业社会化媒体营销的效果，本书将探索这一问题。

复次，尽管文献中有关于企业生成内容特征对社会化媒体营销效果的影响，但这部分研究主要关注企业生成内容的量化特征，如企业生成内容的数量，仅有少数研究涉及了具体内容（Goh 等，

2013；Tucker，2014；Lee 等，2016），而且仅有的这部分研究也尚未得到一致结论。Goh 等（2013）和 Lee 等（2014）将企业生成内容划分为信息性内容和说服性内容，发现社会化媒体营销主要是通过说服性内容发挥作用。而 Tucker（2014）的研究则表明，社会化媒体营销主要通过信息性内容发挥作用。本书将探索多平台不同类型的企业生成内容对产品销量的影响，同时考虑到企业特征对社会化媒体营销效果的影响，本书也将探索企业特征对企业生成内容效果的调节作用。

最后，尽管文献中讨论了影响企业社会化媒体营销活动效果的因素，但涉及企业社会化媒体运营效果产生机制的研究较少。大部分研究仅从社会化媒体运营的某一方面出发分析其产生的效果，如粉丝数量（金永生，2011）、博文内容（陈静宇等，2014；Sabate 等，2014），而忽略了社会化媒体运营的其他方面的影响，如名人朋友数量。同时，现存研究尚未形成统一的框架，探索企业社会化媒体营销效果产生的机制。本书将基于社会化媒体的互动性，结合信息传播理论，从社交互动的角度出发，研究企业社会化媒体营销产生效果的机制，为企业选取合适的社会化媒体营销效果衡量指标提供理论依据。

总的来说，本书将围绕企业社会化媒体营销与企业绩效，关注企业生成内容。微博营销是企业社会化媒体营销常用的一种方式，具有很强的代表性，因此，以微博营销为例，衡量企业微博营销的效果，探索企业微博营销效果产生的机制，能够为企业的社会化媒体营销提供理论指导和实践指导。

第三节 研究问题

本书主要的研究问题包括企业微博营销是否对企业绩效产生影响，企业微博营销内容类型的效果，企业微博营销效果产生的机制，以及如何促进消费者传播企业生成内容。具体而言，共包括以下 5 个子研究。

一、子研究一：企业微博营销的效果

本研究旨在解决以下问题：企业生成内容是否影响企业销售收入？若企业生成内容对绩效有正向影响，那么企业特征和社会化媒体特征如何调节其效果？

为解决以上研究问题，子研究一采用定量研究方法。我们通过淘宝及其微博平台——微淘获取了企业微博运营数据及销量数据。淘宝于 2013 年 11 月上线了面向商家的社会化媒体平台微淘。店铺可以在微淘上开通账号，发布内容，消费者可以关注感兴趣的微淘账号。微淘的上线使得我们可以通过准实验设计检验企业微博营销的效果。我们首先利用倾向性得分匹配方法（Propensity Score Matching，PSM）将开通微淘的店铺与未开通微淘的店铺匹配，控制由企业自选择（Self-Selection Bias）带来的内生性，之后利用双重差分方法

（Difference-in-Differences，DID）获取企业微淘使用后效果。通过以上研究，我们发现，社会化媒体营销对企业销量有正向影响。总的来说，企业在进行微淘营销半年后，销量平均增长了20.67%。同时，微淘营销的效果在销售低介入度产品的企业和销售高介入度产品的企业之间存在显著差异。

除此之外，我们又利用控制方程（Control Function，CF）处理倾向性匹配得分过程的隐藏偏差问题，以保证结果的稳健性。结果表明，对销售低介入度产品的企业（本研究中为文具类店铺），微淘营销的效果更好。具体来说，文具类店铺开通微淘半年后销量平均增长了27.89%，化妆类店铺在开通微淘半年后销量平均增长了19.84%。同时，企业微淘的粉丝数越多、发布的博文数越多，微淘营销的效果就越好。这一效果对销售高介入度产品的企业尤为明显。本研究为企业制定社会化媒体营销战略规划提供了理论指导。

二、子研究二：微博平台企业生成内容对产品销量的影响

本研究旨在解决以下问题：微博平台上的企业生成内容是否对产品销量有影响？如果有影响，哪种类型的内容更加有效？该效果是否存在产品类型的差异？

为解决以上研究问题，本研究采用与子研究一相同的准实验设计，在产品层面上检验微淘营销的效果。我们收集了店铺微淘推广产品的信息，与微淘未推广产品进行匹配。本研究将企业生成内容编码为说服性内容、信息性内容及促销性内容。我们利用双重差分方法分析了产品微淘推广后的效果和企业生成内容类型的效果。结果表明，企业生成内容对产品销量有显著正向影响。总体来说，微淘推广4天

后，产品销量将会提升 48.99%；信息性内容更有助于促进产品销量增长。具体来说，对高介入度产品，信息性内容更加有效；而对于低介入度产品，促销性内容更为有效。本研究为企业社会化媒体营销具体运营提供了理论支持。

三、子研究三：短视频平台企业生成内容对产品销量的影响

本研究主要探索短视频平台内容类型对产品销量的影响效果及机制。

聚焦于体验型产品，我们将短视频内容类型分为信息型内容和娱乐型内容，并设计问卷以对这两类内容进行编码分类。共收集了 319 个短视频，对其推广产品的特征和销量进行研究。通过回归分析及似不相关回归探索了短视频内容类型对产品销量的影响效果及影响机制。结果表明，对于体验型商品，在信息型内容得分差别不大的情况下，娱乐型内容能够通过影响短视频受欢迎程度，显著正向影响产品销量。

四、子研究四：企业微博营销效果产生的机制

本研究针对企业对社会化媒体运营策略缺乏清楚认识的现状，主要探讨企业官方微博营销效果产生的机制。

本研究以微博作为主要的研究对象，选取 2013 年上映的全部电影，获取电影官方微博运营数据、电影销量数据及电影基本特征数据。基于以上数据，我们首先检验了我国企业微博营销常用方法实践（包括企业发布的微博数、企业官方微博粉丝数和企业官方微博名人

朋友数）的效果，建立了企业社会化媒体营销活动与电影票房收入的研究模型，探索微博营销效果产生的机制。通过理论研究及中介效应分析，我们发现社交互动（包括官方微博上的消费者互动和全微博平台个人口碑）是企业官方微博营销中重要的中介变量。具体来说，企业官方微博发布的博文数是通过影响这两种社交互动，影响电影票房收入；企业官方微博名人朋友数是通过影响全微博平台个人口碑，影响电影票房收入；企业官方微博粉丝数仅对电影票房有直接影响，影响关系呈倒“U”形。

五、子研究五：用户分享企业生成内容的动机研究

以上过程中，如何有效利用社交互动传播产品与品牌信息，对企业具有重要意义。本书梳理了有关动机和信息分享行为领域的理论，总结了国内外涉入度的相关研究，探讨影响社交网络中用户分享企业生成内容的因素，形成了以经济激励为外在动机、利他性为内在动机、产品涉入度为调节变量的模型。通过发布网络问卷收集数据，采用 SPSS21.0 软件和 AMOS24.0 软件对数据进行描述性统计、信度分析和效度分析。研究发现，经济激励和利他性均会显著影响社交网络中用户分享企业生成内容的意愿，其中经济激励的影响更为重要。产品涉入度在研究模型中的调节作用并不明显。最后，结合移动互联网新环境，本书分别针对经济激励和利他性这两个影响因素，为企业促进其生成内容在社交网络中的传播提供了建议。

整体来看，这 5 个子研究问题从表及里，不断聚焦，由众多企业的一般规律聚焦到企业的社会化媒体实践，具有重要的理论及实践意义。5 个子研究之间的关系，如图 1–1 所示。

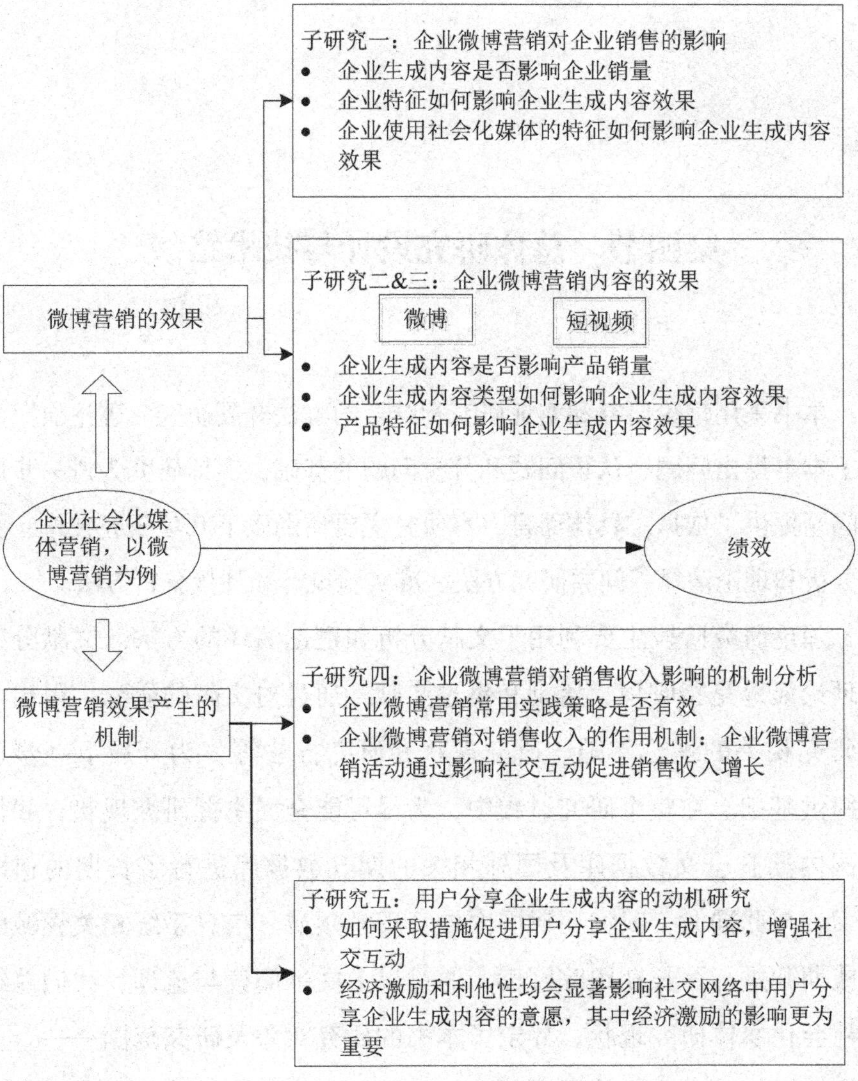

图 1–1　5 个子研究之间的关系

第四节　总体研究设计与技术路线

本书采用理论研究和实证研究相结合的方法开展研究。理论研究奠定了本书提出问题、认识问题和分析问题的基础，实证研究为进一步解决问题提供了依据。具体而言，本研究主要借助以下几项研究技术：文献分析和理论演绎、问卷研究方法、准实验设计和计量分析方法。

理论研究阶段主要利用了文献分析和理论演绎的方法。文献分析和理论演绎是指收集、鉴别和整理文献，通过对文献的研究，得出与本研究相关的理论基础、研究现状和研究方法等，为开展下一步研究提供基础。在整个研究过程中，为尽可能全面掌握研究现状，我们对国内期刊全文数据库及国外相关的期刊数据库进行了长期的追踪检索。与此同时，我们还对国内外管理学领域、信息系统相关领域的权威期刊进行了长期跟踪阅读。通过以上文献阅读与梳理，我们总结了社会化媒体研究现状，界定了本书的研究对象及研究范围——企业社会化媒体营销。具体来说，我们选取了企业微博营销这一典型的社会化媒体营销方式，并基于消费者决策过程模型、信息传播理论开展研究；考虑到社会化媒体平台企业生成内容是一种特殊的用户生成内容，我们对个人用户生成内容相关的文献进行了梳理研究，为后续研究提供参考；为进一步地了解企业社会化媒体营销研究的现状，我们对企业生成内容的影响因素、影响机制等相关文献进行了总结。这一阶段为后续的实证分析奠定了理论基础。

在实证分析阶段，具体步骤如下所示：首先，通过文献研究，我们得出了本书的主要研究假设；其次，根据具体的研究问题，本书采用的主要研究设计为准实验设计等，并收集了企业微博营销数据和相应的企业绩效数据；在实验设计和数据获取之后，我们利用倾向性匹配得分、双重差分方法、中介效应分析等实证分析方法对研究假设进行了相应的实证检验；最后，通过分析结果，我们得出了本书的研究结论。这一阶段本书主要基于准实验设计的思路，综合利用了多种数据分析和统计方法。

准实验设计采用实验设计的思路，但其与实验设计的区别是，实验组与控制组不是由研究者随机分配，而是由于决定实验组与控制组的关键自变量受到外生政策的冲击，发生了改变，当存在自选择以及变量省略等内生性问题时，准实验设计能够消除这些问题的影响，准确估计外生变量的影响，提高研究的信度和效度（Meyer，1995）。淘宝于 2013 年 11 月开通了面向卖家的社会化媒体平台——微淘。店铺可以在微淘平台上开通自己的账号，消费者可以关注自己感兴趣的账号。微淘的开通为我们提供了准实验设计的环境，在店铺层面，开通微淘的店铺可以作为实验组，未开通微淘的店铺可以作为控制组；在产品层面，被微淘推广的产品可以作为实验组，未经微淘推广的产品可以作为控制组。但为了进一步控制实验组的自选择问题，提高估计准确性，本研究利用倾向性匹配得分方法（Rubin 和 Rosenbaum，1985）和最优匹配法（Exact Matching）构建了与实验组基本特征相似的控制组。这样，我们就可以比较实验组与控制组样本在微淘推广前后的绩效差异，获得企业微博营销的效果。

在探索用户分享企业生成内容动机时，我们采用了问卷调查方法。问卷调查能够收集人们对于某个特定问题的态度、行为特征、价值观观点或信念等信息，对难以量化的构念如心理学特征等能够有效地测量。本研究中，我们使用问卷调查方法收集了用户内在动机、外在动机和分享意愿。

本书应用的数据分析统计方法包括描述性统计分析、探索性因子分析、倾向性匹配得分、双重差分方法、控制方程模型、Hausman-Taylor 模型、数据补齐算法、结构方程模型和中介效应分析程序等。本书使用的数据分析软件包括 Stata、R、SPSS 和 AMOS 等，数据处理语言包括 Java、SQL 等。

本书研究设计与技术路线，如图 1-2 所示。

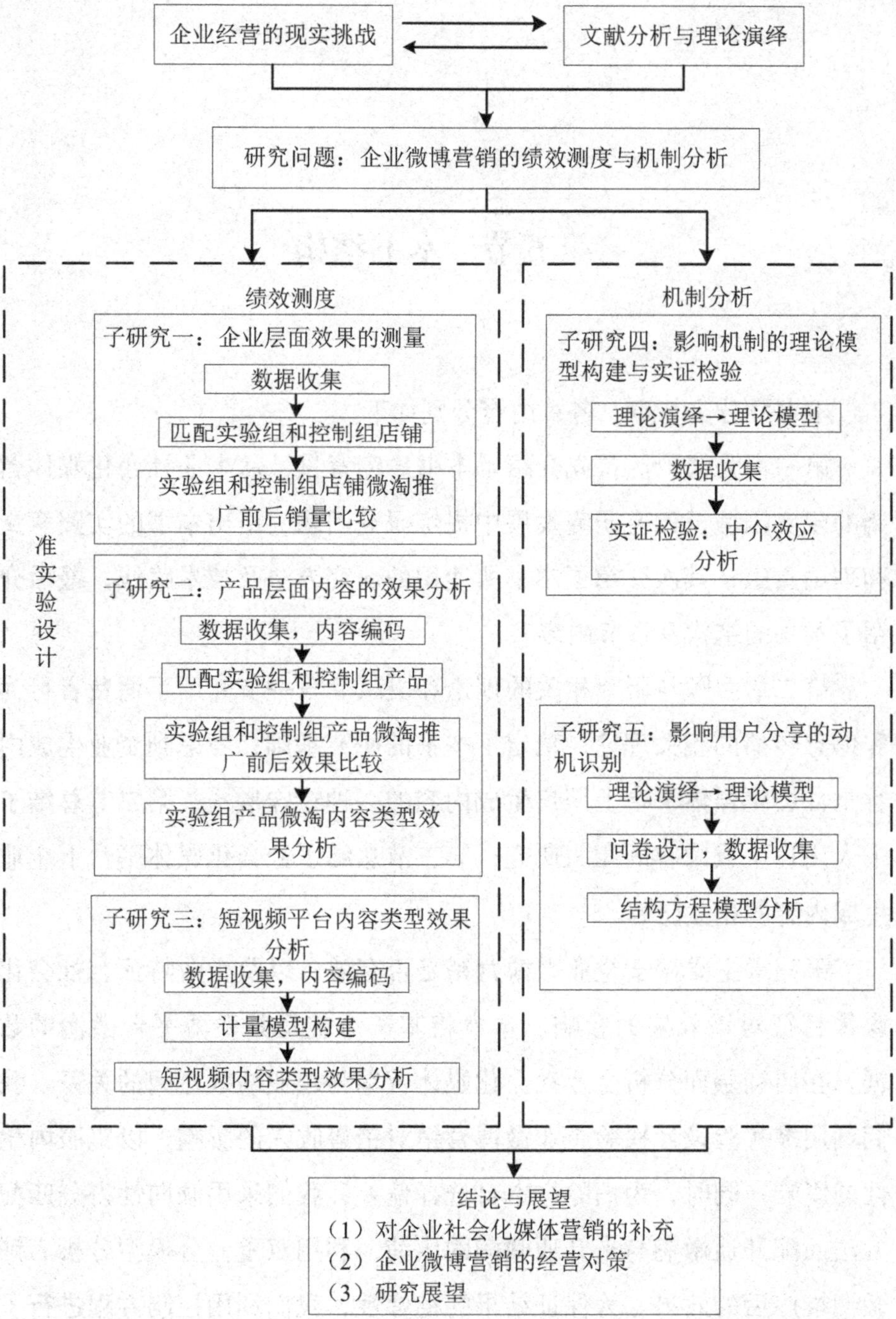

图 1–2 总体研究设计与技术路线

第五节　本书结构

本书共分为 8 章，各章内容分别如下。

第一章为绪论。首先介绍了本书研究背景，从企业社会化媒体营销的现实困境及已有研究发展中提炼研究问题，指出本书的实践意义和理论贡献；其次介绍了本书所使用的研究方法及技术路线；最后介绍了本书的结构及章节内容。

第二章回顾与研究相关的理论和文献。第一节介绍了消费者行为和信息传播的相关理论，奠定了本书的研究基础；考虑到企业生成内容是社会化媒体平台上用户生成内容的一种特殊形式，第二节总结了个人用户生成内容的相关研究；第三节总结了社会化媒体平台上企业生成内容的相关研究。

第三章主要探索企业微博营销是否有效，以及企业特征、社会化媒体特征对该效果的影响。本章将基于淘宝及其微博平台微淘的数据，在店铺层面分析企业社会化媒体营销与企业绩效之间的关系。我们利用准实验设计检验企业微博营销对销售收入的影响，以克服内生性的影响。同时，为消除样本自选择偏差，我们采用倾向性得分匹配方法匹配开通微淘与未开通微淘的店铺，利用双重差分模型分析店铺微淘推广后的效果。为保证结果的稳健性，我们利用控制方程进行了稳健性分析。

第四章主要探索企业微博营销具体实践中企业生成内容对产品销量的影响，检验了内容特征和产品特征对该效果的调节作用。本章将基于产品微淘推广数据及相应的销量数据，在产品层面分析社会化媒体营销对产品销量的影响。同时，本章还分析了企业生成内容特征及产品特征对微淘推广效果的调节作用。为控制其他不相关因素的影响，我们将同一店铺内微淘推广的产品与非微淘推广的产品进行最优匹配，作为我们研究的实验组与控制组。基于实验组与控制组产品数据，我们利用双重差分方法分析了微淘推广的效果和微淘内容的效果。

第五章主要探索短视频平台内容类型对产品销量的影响效果及机制。聚焦于体验型产品，我们将短视频内容类型分为信息型内容和娱乐型内容，并设计问卷以对这两类内容进行编码分类。通过回归分析及似不相关回归探索了短视频内容类型对产品销量的影响效果及影响机制。结果表明，对于体验型商品，在信息型内容得分差别不大的情况下，娱乐型内容能够通过影响短视频受欢迎程度，显著正向影响产品销量。

第六章主要探索企业微博营销效果产生的机制。基于理论研究，我们发现社交互动是社会化媒体营销发挥效果的一个重要中介变量。为检验社交互动的中介作用，我们基于 2013 年上映电影的微博推广数据及相应的票房数据，利用中介效应分析方法，探索了企业社会化媒体营销效果产生的机制。

第七章探讨了影响社交网络中用户分享企业生成内容的因素，形成了以经济激励为外在动机、利他性为内在动机、产品涉入度为调节变量的模型。通过发布网络问卷收集数据，研究发现经济激励和利他性均会显著影响社交网络中用户分享企业生成内容的意愿，其中经济激励的影响更为重要。产品涉入度在研究模型中的调节作用并不明显。最后，结合移动互联网新环境，本书分别针对经济激励和利他性这两个影响因素，为企业促进其生成内容在社交网络中的传播提供了建议。

第八章为结论与展望。总结了本研究的结论，指出了研究的创新点、理论贡献和实践意义，讨论了本研究的不足，并提出了未来研究方向。

第二章　理论和文献综述

企业社会化媒体营销以“参与”和“互动”为核心。消费者通过社会化媒体获取产品信息，并分享产品的信息；企业通过与消费者的对话和互动，与消费者建立情感联系，影响消费者决策过程。因此，本章将首先总结消费者决策过程模型，结合社会化媒体信息传播特征，探索社会化媒体对消费者决策过程的影响，从而为研究企业社会化媒体营销的效果及其机制奠定理论基础。

社会化媒体用户生成内容可划分为个人用户生成内容和企业生成内容，在进行企业生成内容的研究时，我们可以参考个人用户生成内容的相关研究。基于以上考虑，本章将对国内外研究个人用户生成内容和企业生成内容的相关文献进行梳理和述评，在此基础上提出本书研究的理论意义。

本章的重点是：首先，阐述消费者决策过程和社会化媒体信息传播相关的理论，为本书研究奠定理论基础；其次，梳理个人用户生成内容与产品销售的相关文献；最后，总结社会化媒体企业生成内容的相关研究。

第一节　理论基础

一、消费者决策过程理论

1. 消费者决策过程

消费者决策过程指消费者在购买商品或服务时所经历的决策制定过程。Cox 等（1983）提出的五阶段模型是目前最常用的消费者决策过程模型，主要包括需求识别、信息收集、评估方案、购买决策和购后评价 5 个阶段（见图 2–1）。与其他消费者决策过程模型相比，五阶段模型强调消费者在购买过程中的动机因素，能够更加准确和清晰地刻画消费者决策行为（Blackwell 等，2006）。

图 2–1　消费者决策过程

需求识别是消费者决策过程的第一步。消费者感受到产品或者服务的现实状态和理想状态存在差距时，就会产生购买需求。例如，当消费者产生在任何时间、任何地点随时接入网络的需求时，就会有购买智能手机的想法。消费者需求通常分为心理需求和功能需求两类

（Solomon 等，2006）。消费者心理需求由消费者的情感触发，而功能需求通常由必要性产生。此外，消费者需求可能会在接触产品时激发（Tyagi 和 Kumar，2004），也就是说，消费者通过购物橱窗、媒体广告或其他情境获知产品信息，激发购买需求。

消费者决策过程的第二步是信息收集。消费者在明确自身需求之后，做出购买决策前将会收集大量产品相关信息。考虑到消费者产品知识、购买经验和自身动机的差别，消费者信息收集行为也会有所不同。消费者信息收集行为可以根据搜索时机分为购买前搜索与购买中搜索（Bloch 等，1986），根据搜索时使用的信息分为内部搜索和外部搜索（Byron，2005）。购买前搜索是指与特定购买决策相关的搜索活动，而购买中搜索是指独立于特定购买需求的信息搜索和处理行为，往往没有特定目标（Bloch 等，1986）。消费者内部搜索指消费者基于自身的经验和知识，收集和比较产品信息，而消费者外部搜索是指消费者通过收集外部信息，如朋友建议、媒体信息等，获取产品知识，以做出购买决策。

评估方案是消费者决策过程的第三步。消费者在前两个步骤收集了足够多的信息，在这一阶段，消费者可以根据自身需求，分析获得的各类信息，评估各个方案，以做出正确的购买决策。消费者会在这一阶段考虑产品的多个属性，如产品规格、产品质量、品牌和价格。除产品属性外，也存在其他多种因素影响消费者选择满意的产品或服务。比如，消费者在预订酒店时，在做出决策前需要考虑多个因素，如年龄、文化和预算等。除此之外，名人代言也是影响消费者决策的重要因素（Cant 等，2010）。因此，这一阶段是消费者决策过程中最重要的一环。消费者评估方案的过程可能较为困难和费时（Ha 等，2010）。

在信息收集和评估方案之后，消费者就要制定购买决策。这一阶段同样是消费者决策过程中的重要阶段。消费者决策按照购买意愿可以分为三种类型：计划性购买、部分计划性购买和冲动型购买（Kacen 和 Lee，2002）。消费者购买过程也受多种因素影响，包括产品库存状况、购物服务等。

购后评价是消费者决策过程的最后一个阶段。传统线下购物环境中，企业通常仅关注交易是否完成，往往会忽略这一阶段。然而，这一阶段反映了消费者对产品或服务的满意度，影响消费者回购决策和忠诚度，具有非常重要的意义。消费者购买决策过程是一个不断重复的过程，消费者再次购买相同产品和服务时，之前的购物经验能够有效减少不确定性（Ofir 和 Simonson，2005）。此外，消费者购后评价往往会影响其他消费者的购买决策和满意度。

企业社会化媒体营销对消费者决策过程的 5 个阶段均产生了一定的影响。在下一章我们将基于消费者决策过程，分析微博营销对消费者决策过程的影响。

2. 社会化媒体对营销过程的影响

在传统媒体营销过程中，Hall（1926）提出了 AIDMA 模型，描述消费者从接触信息到产生购买行为所经历的 5 个步骤：引起注意（Attention）、产生兴趣（Interest）、产生欲望（Desire）、形成记忆（Memory）和购买行动（Action）（见图 2-2）。该模型在传统媒体营销过程中被广泛应用。引起注意是 AIDMA 模型的第一步。在获得消费者注意之后，企业会通过各种手段唤起消费者对该推广产品的兴趣。接着，消费者产生拥有该产品的欲望，对商品形成深度记忆。最后，消费者决定购买该产品。

AIDMA 模型表明，企业的营销效果来源于企业的品牌影响力，随着时间的推移，品牌影响力逐渐减弱。因此，接受企业营销活动并最终购买的消费者数量，会随着 AIDMA 模型的 5 个阶段逐渐减少。这表明传统的企业营销活动的效果随时间呈现自然衰减状态，营销转化率不高。

在 Web2.0 时代，随着社会化媒体的发展，企业开始利用社会化媒体进行营销。在此情境下，日本最大的广告公司电通公司对 AIDMA 模型进行了修正，提出了 AISAS 模型。AISAS 模型也包含 5 个阶段：引起注意（Attention）、产生兴趣（Interest）、搜索信息（Search）、购买产品（Action）和购后分享（Share）（见图 2–2）。考虑到互联网平台和社会化媒体平台的互动性和个性化特征，AISAS 模型能够更加准确地刻画消费者行为。它与 AIDMA 模型相同的是，都是企业推广产品，吸引消费者注意，使消费者对产品产生兴趣。它与 AIDMA 模型不同的是，消费者是基于互联网平台和社会化媒体平台搜索互联网信息，购买产品，消费者购买产品后会在社会化媒体平台上分享购物体验，评价产品或服务。搜索信息阶段和购后分享阶段是消费者的自发行为，不受企业传统营销手段控制，体现了用户生成内容和企业社会化媒体营销的重要作用。

此外，AISAS 模型的尾部发生了变化，这是因为消费者可以通过社会化媒体平台主动分享购物体验，评价产品特征。企业品牌影响力和营销效果通过消费者之间的社交互动逐渐放大，潜在消费者转化为真实消费者。企业营销效果既存在单纯的自然衰减，又随消费者的分享互动行为呈现放大趋势，消费者的互动能够有效提高企业营销效果。

本书将结合社会化媒体的互动性，强调消费者互动和分享对企业营销的积极作用，研究企业微博营销的效果及效果产生的机制。

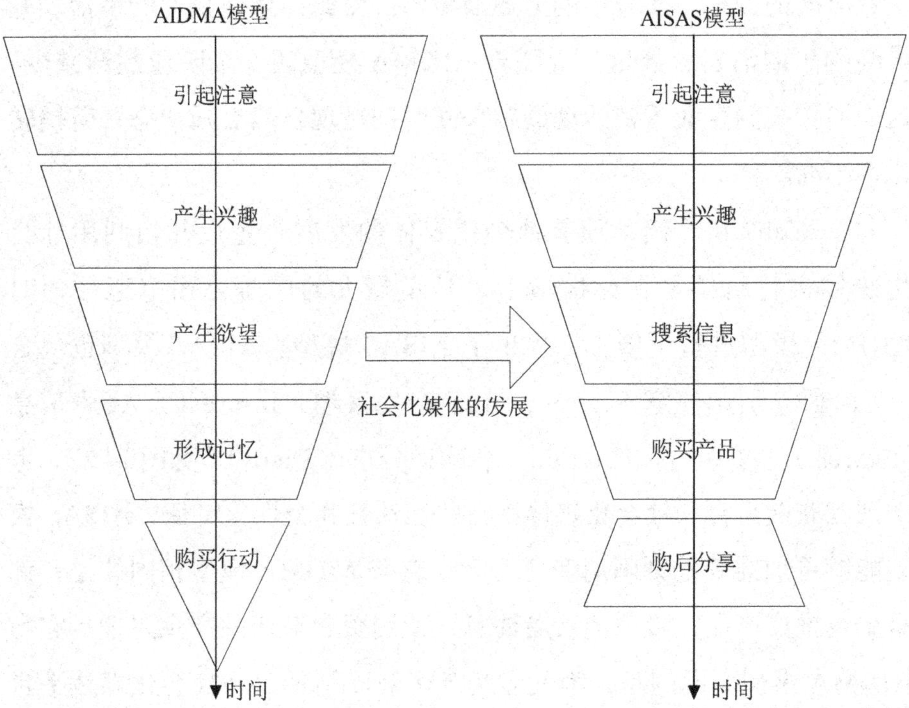

图 2-2 AIDMA 模型与 AISAS 模型

二、网络传播理论

社会化媒体作为新型的信息发布平台、信息实时交互平台，对以往的媒介系统造成了冲击。微博作为社会化媒体平台的典型代表，更加强调基于社交关系进行传播。在这一环境下，企业如何利用有效的媒介工具和信息手段发布信息和传播信息，成为社会化媒体营销的重点。接下来，我们将基于传统媒体信息传播的理论，结合社会化媒体特征，对社会化媒体信息传播理论进行总结。

1. 社会化媒体信息传播理论

二级传播理论是传播学中关于传播过程和效果的一个经典理论（Lazarsfeld 等，1944），社会化媒体平台的信息传播可参照该理论。二级传播理论的基本思想是大众媒体发布的信息不是直接流向一般受众，而是经过意见领袖的中介作用，表现出“大众媒体 → 意见领袖 → 一般受众”的二级过程。该理论强调了人际关系的重要作用。具体来说，大众媒体包括我们常见的传统媒体形式，如报纸、杂志、电影、广播和电视等。这些媒介具有两个典型特征，首先，它们实现了对于特定文本的一对一复制、存储和呈现，其次，它们扩展了信息的时间性和空间性，使得个体获取信息时不受时间和空间限制。意见领袖是指群众中具有一定权威性和代表性的个体，他们首先接触大众传播媒介，再将从媒介上获取的信息加上自己的意见，传递给其他个体，给周围的人施加影响。一般受众都是通过二级传播获取信息。

但是，二级传播理论在社会化媒体环境下存在一定的应用局限。研究表明，社会化媒体同时促进了直接传播、二级传播和多级传播（Hilbert 等，2016）。例如，在微博平台上，通常情况下，个体用户通过意见领袖获取信息（二级传播）；同时，个体用户也会直接转发大众媒体信息，获取信息（一级传播）；另外，个体用户也可以通过信息的多次转发获取信息（多级传播）。这表明二级传播理论在社会化媒体环境下仍然存在，但仅是多种信息传播方式中的一种。Jensen（2010）等认识到了这一问题，提出了三级传播理论。

三级传播理论将媒介分为三个维度。第一个维度的媒介是人的身体及其在各种工具中的延伸；第二个维度的媒介是大众媒体，例如我们上面提到的报纸、杂志和电视等；第三个维度的媒介主要是基于数字信息与传播技术，包括社会化媒体、在线聊天平台和大型多人在线游戏平台等。传统的二级传播模式强调一对一（即一个信息生成者对应一个受众）、一对多（即一个信息生成者对应多个受众）的传播模式。而在网络社区、社会化媒体等平台上，传播形态呈现多对多的形式，即一个信息生成者的信息可同时覆盖到多个受众，一个受众可同时获取来自多个信息生成者的信息。Jansen 的三级传播理论，正是将多对多的传播模式整合到一对一和一对多的经典二级传播理论中而形成的，如表 2-1 所示。

表 2-1　不同媒介类型的传播活动

交往与传播活动	媒介类型		
	第一维度的媒介	第二维度的媒介	第三维度的媒介
一对一	原型 面对面交流、书写	电话、传真	邮件、短信、即时通信
一对多	书稿、音乐作品、戏剧、建筑、雕塑	原型 书籍、报纸、广播、电视	流媒体、下载、Web1.0 网站
多对多	壁画、游戏、涂鸦、集会等	社区媒介	原型 社会化媒体平台、在线聊天、大型多人在线游戏

表 2-1 纵向表示传播实践，依据传播活动参与者的人数区分为一对一、一对多和多对多，横向区分了第一、第二、第三维度的媒介。每一种传播实践都在网络传播、大众传播以及人际传播中存在着具体实例。结合微博的具体特征，企业社会化媒体营销传播方式涉及了这三类交往和传播活动。具体来说，企业在品牌社区发布的内容，通过多对多的方式传播给微博平台所有用户；企业在品牌社区发布的信息通过意见领袖传播给一般受众，即二级传播模式；消费者评论企业在

企业品牌社区发布的内容，与企业互动，即信息的直接传播。消费者主要是通过这三种方式来获取企业信息和产品信息。

2. 企业社会化媒体营销信息传播

具体到企业社会化媒体营销实践，Kaplan 等（2011）认为企业需要在恰当的时机，将恰当的信息通过恰当的人员传递给消费者，以达到病毒式传播的目的。信息病毒式传播的三个要素，如图 2-3 所示。

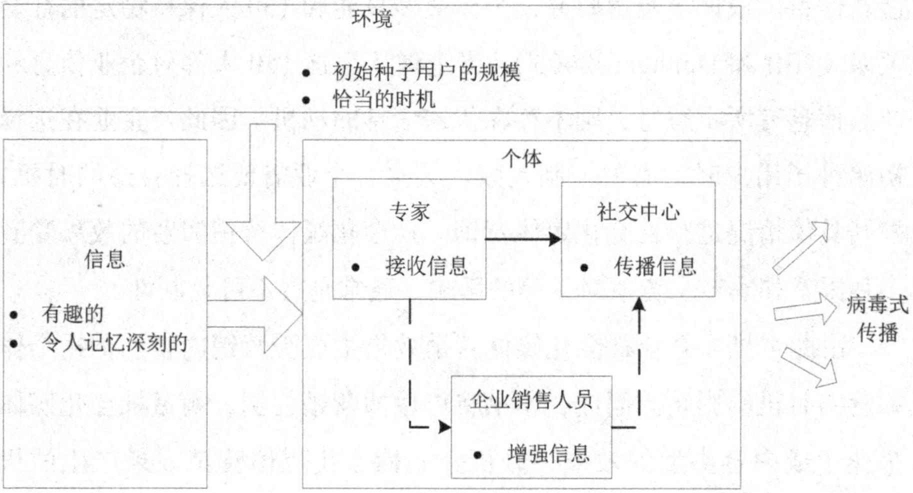

图 2-3 信息病毒式传播的三个要素

病毒式传播的第一个要素是选择恰当的个体传播信息。基于信息传播理论，企业在社会化媒体营销实践中可以选择三类群体传播信息，分别是专家、社交中心和企业销售人员。专家指能够获取大量市场信息，主动与消费者讨论并传递信息的个体。社会化媒体平台上，专家通常是最早获得企业信息和产品信息的群体，他们可以借助自己的社交网络迅速传递信息。社交中心指拥有大量社交关系的个体。当社交中心接收到信息时，将信息传递给大量消费者，即可实现病毒式传播。在此过程中，企业销售人员可以接收信息、修改信息、增强信息的说服性，传递给社交中心，主动促进病毒式传播。

病毒式传播的第二个要素是信息内容。社会化媒体承载的内容与形式越来越多样，用户注意力越来越分散，在这一情境下，社会化媒体营销内容具有至关重要的作用。企业应注重内容的质量，提高内容的趣味性，刺激消费者情感，提高社会化媒体营销的效果。

病毒式传播的第三个要素是环境因素。首先，个体仅存在动机传递新信息。根据神经学研究，个体最多只能和 150 人保持稳定的社会关系（Hill 和 Dunbar，2003）。当个体认为这 150 人都对企业信息和产品信息有所了解时，则不存在传递信息的动机。因此，企业在选择初始种子用户时，需要控制人数。其次，企业需要选择合适的时机，根据具体情况进行社会化媒体营销。社会化媒体营销实践的效果受到多种因素如季节、竞争对手等的影响，通常具有不可复制性。

由此可见，企业社会化媒体营销效果主要受营销内容、传播个体和营销时机的影响。因此，本书将以微博营销为例，衡量社会化媒体企业生成内容类型的效果，分析企业社会化媒体营销效果产生的机制，为企业社会化媒体营销实践提供理论指导。

第二节　个人用户生成内容

考虑到微博这一平台上有大量个人用户生成内容，若这些用户生成内容与品牌或产品相关，则可以认为是一种特殊形式的网络口碑（Word of Mouth，WOM）。其特殊性表现在它的社会网络特性，微博平台可以使得内容更快、更广泛地传播，产生更大的影响力。

一、网络口碑与产品销售

口碑是社会化学习的重要方式，影响接收者的决策。网络口碑为潜在或真实消费者发布的对产品、企业的积极或消极陈述，通过网络传播给更多用户（Hennig-Thurau 等，2004）。网络口碑利用互联网的双向沟通能力，有效地产生大量口碑并促进其传播（Dellarocas, 2003）。研究表明，为表达其满意或不满意的态度，通过利他行为寻求社会认可和自我认可，互联网用户存在发布口碑的动机（Dhar 和 Chang，2009）。网络口碑可存在于个人之间、企业与消费者之间（Thorson 和 Rodgers，2006）。

文献中有诸多网络口碑影响产品销售的研究，简而言之，网络口碑对产品销售有正向影响。现有定量研究主要考虑了口碑以下几方面的特性，包括口碑数量、口碑情感倾向、口碑发布的时间、口碑的来源等。

首先，研究表明，在线评论的数量对产品销售存在显著正向影响（Liu，2006；Dellarocas 等，2007；Shao，2012；Ye 等，2011）。Liu（2006）系统研究了消费者评论对电影票房的影响，发现口碑数量显著正向影响票房收入；Dellarocas 等（2007）建立了电影票房收入预测模型，发现电影在线评论数量可以作为票房的代理变量。Ye 等（2011）利用携程网的数据，同样将评论数量作为酒店销量的代理变量，发现口碑数量对酒店预订有显著正向影响，同时消费者评分每增长 10%，在线预订数量就会增长 5%。

其次，网络口碑情感是否影响产品销售并未得到一致结论（Liu，2006；Dellarocas 等，2007；Shao，2012；Ye 等，2011）。Liu（2006）发现口碑情感对票房收入无显著影响；Dellarocas 等（2007）发现口碑情感与票房存在显著的正相关关系；而另外有学者研究发现负向口碑的影响比正向口碑的影响更大（Ahluwalia 等，2000；Chen 等，2011）。

同时，在线评论具有多种来源，就发布评论的主体，可分为普通消费者评论和专家评论（Kim 等，2013；Chakravarty 等，2010；Duan 等，2008；Liu，2006）；就评论出处，有内部口碑和外部口碑（Gu 等，2012）。近年来，研究者就不同来源口碑对销售额的影响效果进行了研究。Chakravarty 等（2010）通过实验检验了消费者评论与专家评论对消费者观点的影响，文章将消费者按照观看电影的频率分为频繁和不频繁两类，发现与不频繁的电影消费者相比，频繁的电影消费者不易受负面消费者评论的影响，其观点与专家评论一致；不频繁的消费者更容易受消费者评论（尤其是负面评论）的影响。Gu 等（2012）分析了内外部口碑对高介入度产品销售的影响，发现消费者主导的外部口碑对高介入度产品的销售额具有显著正向影响，而零售商主导的内部口碑的影响则相对有限。

针对企业营销，研究者们对比了网络口碑与企业其他营销策略的效果。如 Lu 等（2013）利用中国最大的第三方餐饮评价网站三年的面板数据，通过检验在线折扣券、关键字广告及在线评论对销售额的影响，发现在线营销策略与在线评论对产品销售额均有正向影响；两者同时存在时，评论数量与在线折扣券呈替代关系，评论数量与关键字广告呈互补关系。

参考以上研究，在衡量企业社会化媒体营销效果时，我们可以选取企业生成内容的多种定量特征（如企业生成内容的数量、企业生成内容的情感）和定性特征（如企业生成内容的内容类型）。

二、网络口碑与产品销售关系的影响因素

国内外学者也针对影响网络口碑效果的因素进行了研究。学者们借助认知信息加工理论（Cognitive Information Processing Theory），提出了感知有用性的概念。感知有用性可以定义为消费者在决策过程中感知到的口碑价值（Mudambi 和 Schuff, 2010）。用户感知到的口碑有用性越高，消费者在购买决策过程中的不确定性就越低，消费者购买意愿越高（Sussman 和 Siegal，2003）。因此，口碑的有用性越高，对销量的影响越大（Chen 等，2007）。下文将结合口碑的感知有用性，从网络口碑的构成要素，即网络口碑生成者、信息传播特征及网络口碑接收者三个方面总结影响网络口碑效果的因素。

1. 网络口碑生成者的特征对网络口碑效果有一定的影响

网络口碑生成者即网络平台上生成并传递口碑信息的个体。根据

社会心理学的相关研究，Guadagno 和 Cialdini（2005）发现消费者接受他人发布信息的倾向有 6 种解释：稀缺性、互惠性、一致性、权威性、社会认同和友谊。当前在线口碑实证研究主要检验了权威性和一致性这两方面的效果。在网络口碑环境下，权威性包括口碑生成者身份（Guadagno 和 Cialdini，2003；Forman 等，2008）、口碑生成者专业性（Hu 等，2008）、口碑生成者感知可信度（Cheung 等，2008；Zhang 和 Watts，2008；Chu 和 Kamal，2008）；一致性包括口碑生成者与口碑接收者的关系强度（Steffes 和 Burgee，2009）及感知相似性（Steffes 和 Burgee，2009）。

研究表明，口碑生成者的权威性越高，其所发布的评论的影响越大。具体来说，在购物决策过程中，消费者会利用口碑生成者的身份信息补充产品信息，提高购买意向。曝光口碑生成者的身份信息及地理位置，有助于提高产品销量（Forman 等，2008；Thompson 和 Malaviya，2013）。口碑生成者的社会身份越高，其所发布的评论的影响越大。口碑生成者的声誉和曝光量是其身份的表征，Hu 等（2008）利用个体发布的评论质量衡量其声誉、利用个体发布的评论数衡量其曝光量，发现口碑生成者发布的评论质量越高、发布的评论数越多，产品销量就越高。

口碑生成者感知可信度指消费者对于口碑来源可信度的认知，与口碑内容无关（Cheung 等，2008），可被定义为口碑接收者所感知到的信息来源的可信度及完整度（Petty 和 Cacioppo，1986）。研究表明，信息来源的可信度对接收者的行为意向具有显著影响（Hovland 和 Weiss，1951）。此外，若信息被认为是可信及有效的，就能够有效促进知识和信息的转移。口碑生成者的可信度，包括其发布的评论的数量和质量两方面。口碑生成者所发布的评论数量越多、质量越高，其可信度越高，口碑的效果越好（Zhang 和 Watts，2008；Chu 和 Kamal，2008）。

关系强度指的是消费者之间的社会关系强度。通常情况下，消费者会与他人有各种各样的关系，如强连接（如亲密的朋友或家人）、弱连接（如熟人关系）或完全的陌生人关系。大部分研究聚焦在强连接关系上，然而 Granovetter（1973）研究发现，弱连接在解释个体的社会网络行为时具有至关重要的作用。在口碑研究中，弱连接有助于信息的快速及广泛传播，研究表明，不同的关系强度对口碑效果有不同的影响。

同质性指的是个体之间具有相同属性（如年龄、性别、教育背景及社会地位）的程度（Rogers，1983）。同质性强调个体在基本特征方面的相似程度，而关系强度更加强调个体之间的关系。比如，某个个体可以与某个陌生人之间具有很高的同质性，然而两者之间不存在任何联系。

Steffes 和 Burgee（2009）研究了关系强度及同质性对口碑效果的影响。结果表明，当口碑作为一种信息来源时，消费者认为来自陌生人的信息远比来自强连接或弱连接关系的信息重要；同时，口碑接收者更倾向于接受感知相似性较高的人所发布的信息。

2. 信息传播特征对口碑的效果也有一定的影响

口碑传播的内容包括口碑中所涉及的产品特征（如价格、产品类型、生命周期等）和内容本身的特征（如评论长度、深度、易读性及信息含量）；口碑传播的渠道包括口碑生成和呈现的平台的特征（如网站类型、网站声誉等）。

通常，搜索性产品是指在购买前能够评估产品或服务的特征的产品，而体验性产品的特征在购买前难以观察和判断，只能在消费时确认。Park 和 Lee（2009）利用行为实验，发现产品特征对口碑效果有一定影响，相对于搜索性产品，口碑对体验性产品的效果更好。而 Cui 等（2012）基于游戏行业的数据，发现评论数量及评论情感的效果受产品类型影响，评论数量及评论情感的效果对搜索性产品更大。Mudambi 和 Schuff（2010）的研究表明产品类型影响口碑的感知有用性。他们选取了三种体验性产品及三种搜索性产品，基于亚马逊网站上这 6 种产品的评论，发现产品类型对评论情感的效果具有调节作用，对于体验性产品，评分过高或过低的评论的感知有用性低于评分中等的评论的感知有用性，而对于搜索性产品，评分过高或过低的评论的感知有用性高于评分中等的评论的感知有用性。产品类型对评论质量的效果也具有调节作用，对于搜索性产品，评论质量的效果更大。由此可见，相关研究尚未就产品类型的调节方向达成一致结论。

产品生命周期对口碑效果有一定的影响。研究表明，新产品上市时，口碑数量的影响效果较大，随着时间的推移，口碑数量对产品销量的影响不断减弱（Cui 等，2012；Hu 等，2008）。除此之外，产品受欢迎程度也对口碑效果有一定的影响。口碑对更受消费者欢迎的产品的销售额影响更小（Chen 等，2007；Zhu 和 Zhang，2010）。

考虑到口碑传播的平台特征，网站类型和声誉对口碑的效果有一定的影响。与新型网站相比，基于成熟网站的口碑的效果更好（Park 和 Lee，2009）。

3. 网络口碑接收者的特征影响网络口碑的效果

研究者研究了网络口碑接收者的介入度、经验和认知等对口碑效果的影响。

Park 等（2007）发现评论质量对消费者购买意向的影响受消费者介入度的调节，消费者介入度越高，评论质量对消费者购买意向的影响越大；评论数量对消费者购买意向的影响也受消费者介入度的调节，消费者介入度越高，评论数量对消费者购买意向的影响越大。

消费者经验对于口碑效果的调节效应尚未得到一致结论。Park 和 Kim（2008）研究发现，消费者特征对网络口碑的效果有影响，评论数量对缺乏经验的消费者购买意向的影响更大。而 Zhu 和 Zhang（2010）则研究发现，在线评论对于具有较多互联网经验的消费者影响更大。

除此之外，消费者认知也会影响口碑的效果。Thompson 和 Malaviya（2013）认为当口碑接收者对口碑具有较低的认知水平以及对品牌具有较高的忠诚度时，口碑的说服效果更好。Cheung 等（2009）发现口碑的效果受口碑接收者的知识和认知影响，若口碑内容与消费者之前的认知一致，则口碑效果较高；若口碑内容与接收者之前的认知存在不一致，则接收者会对口碑生成者的可信性产生怀疑。

总结以上口碑生成者、信息传播特征和口碑接收者三方面的因素，从网络口碑的信息要素到生成结果，我们为其绘制了以下框架（见图 2-4）。我们可以参考该框架，研究影响企业生成内容效果的因素。

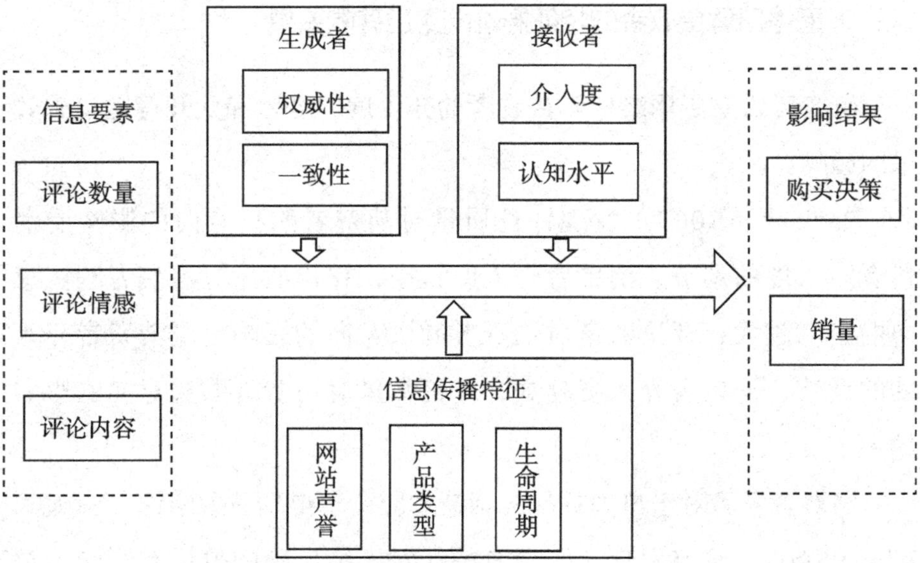

图 2-4　口碑的效果及其调节因素

三、网络口碑对产品销售的影响机制

网络口碑主要通过两种效应影响产品或服务的销量，即知晓效应和说服效应（Liu 等，2006；龚诗阳等，2012）。这两种效应通过不同的认知 - 行为路径影响消费者的购买决策。

知晓效应是指网络口碑主要通过消费者的传递和分享使更多的潜在消费者知晓该产品，起到告知的作用，从而促进产品销量的增长。通常情况下，网络口碑的数量是知晓效应的有效度量。说服效应是指网络口碑通过正面或负面的属性，塑造和改变消费者对产品的态度，从而影响消费者的购买决策。当前，信息通过说服作用改变消费者态度和行为的模型中，启发 - 系统式模型（Heuristic-Systematic Model，HSM）和详尽可能性模型（Elaboration Likelihood Model，ELM）是最具代表性的两个双过程模型（Chaiken，1980；Petty 和 Cacioppo，

1986）。这两个模型目前被广泛应用于网络口碑影响机制的研究中。

详尽可能性模型指出，消费者处理信息时存在两条路径，即核心路径和边缘路径。当消费者具有较高的能力和动机处理信息时，消费者通常采用核心路径。在采用核心路径时，消费者会对获得的信息进行仔细的思考、分析和归纳，从而改变或塑造态度。而当消费者对产品不感兴趣或具有较低的能力处理信息时，更倾向于使用边缘路径。在采用边缘路径时，消费者则比较关注边缘性的信息，态度的改变来自对信息的印象、信息中积极或消极的暗示和消费者自身情绪。通常情况下，与边缘路径相比，核心路径引起的态度改变更为持久，消费者行为更具有可预测性。

影响消费者处理信息的动机包括消费者当前认知、消费者感知到的产品与自身的相关性和认知需求。根据认知失调理论，当信息与消费者的认知、价值冲突时，消费者存在较高动机去收集、处理信息，以消除不一致的部分。消费者感知到的产品与自身的相关性越高，处理信息的动机也越高。

启发－系统式模型与详尽可能性模型极为相似，它认为消费者处理信息的方式主要分为两种，即系统式和启发式。系统式处理信息由消费者的能力和动机触发，需要消费者投入更多的认知资源；启发式处理则由信息的特征（如信息生成者的身份等）触发，消费者由此形成判断和决策。启发－系统式模型认为这两种处理信息的方式可同时存在，比如，当专家提供的信息缺乏说服力时，专家这一身份信息会促使消费者选择启发式处理方式，而信息缺乏说服力这一事实则会促使消费者选择系统式处理方式。消费者一方面利用启发式处理形成判断和决策，另一方面利用系统式处理方式，投入更多的认知资源，形成自己的认知和判断。消费者通过启发式处理形成的态度，更容易被改变和颠覆，消费者行为更不具有可预测性。

在信息系统相关研究中，双过程模型常被用来解释网络口碑对消费者购买意向的影响，以及其他信息系统相关问题。已有研究常用详尽可能性模型来解释在线评论的影响。Park 等（2007）发现，消费者会通过核心路径处理口碑的内容及质量，通过边缘路径处理口碑的数量，口碑的内容、质量和数量均对消费者的购买意向有正向影响。此外，消费者介入度越高，越有可能通过核心路径处理信息，即消费者介入度可以正向调节口碑内容和质量的效果。类似地，Park 和 Kim（2009）基于详尽可能性模型，检验了评论类型和评论数量对消费者购买意愿的影响。Cheung 等（2008）用信息质量的 4 个维度（相关度、及时性、准确度和详细程度）作为影响核心路径的因素，将信息来源的专业性和可信性作为边缘性信息，结果表明，仅有信息的相关度和详细程度对消费者的采纳行为有正向影响。

然而，仅有少量关于网络口碑的研究提及或使用了启发 - 系统式模型。Zhang 和 Watts（2008）建议研究者使用启发 - 系统式模型，主要基于以下几点考虑：首先，启发 - 处理式模型可用来解释多种信息处理活动；其次，该模型具有更高的理论可扩展性。例如，该模型强调两种路径可以同时存在、互相影响，而非相互冲突。他们发现，评论质量（系统性处理方式）和评论来源的可信度（启发式处理方式）会同时影响消费者采纳网络口碑的意愿。

基于网络口碑效果产生的机制和消费者处理信息的方式，在研究企业生成内容的效果及影响效果的因素时，我们可以选取合适的衡量指标，基于理论对企业生成内容的效果做出合理假设。

四、社会化媒体平台个人用户生成内容与产品销售

尽管上述文献显示网络口碑效果显著，但以上研究针对基于两点传播的传统网络口碑，缺乏对基于社会化媒体的新型口碑营销的效果的研究。社会化媒体可以使产品信息推广得更快、更广泛，其营销效果、效果影响因素及效果产生机制都是我们关注的研究课题。以下我们将对社会化媒体平台个人用户生成内容对企业销售的研究进行总结和述评。

目前，关于社会化媒体式口碑数量的研究相对较多，而关于社会化媒体式口碑情感的研究则相对较少，社会化媒体式口碑数量及口碑情感对产品销量的影响均未得到一致结论。Dhar 和 Chang（2009）结合传统评论的数量及情感，研究了博客数量及社会网络特征对音乐专辑销售额的影响。研究发现，音乐专辑的销售额除了受传统因素的影响外，还受其博客数量的影响，但社交网络粉丝数量对专辑销量无显著影响。Dewan 和 Ramaprasad（2014）应用面板向量自回归方法，在单曲和专辑两个层面，检验了传统媒体播放、博客数量以及音乐销量三者之间的关系，发现传统媒体播放对单曲与专辑销量有积极影响，而博客数量与专辑销量无关，与单曲销量反而存在负相关。Rui 等（2013）通过分析 Twitter 数据，利用动态面板数据模型，指出微博数量与微博情感对电影票房均有正向影响，影响程度由微博发布者的好友数量、博文中所表达的观影意图等决定。

除此之外，研究者也对社会化媒体平台个人用户生成内容的类型进行了分析。Smith 等（2012）将用户生成内容分成了 6 个维度，分别为：促销性自我展示，即用户生成内容既展示了消费者自身特征，又展示了品牌特征；品牌中心度，即用户生成内容是否主要强调品牌

或产品；市场导向交流，即用户生成内容是否直接面向厂商；对商家服务的响应，即用户生成内容是否是对商家行为的响应；品牌信息，即用户生成内容是否提及了品牌的信息；情绪，即用户生成内容是否表达了对品牌的正面、负面或中立情绪。用户生成内容与企业社会化媒体营销策略和平台类型相关。用户生成内容主要通过知晓效应和说服效应影响产品的销量（Goh 等，2013）。

上述研究主要集中在社会化媒体平台个人用户生成内容的数量及情感对产品销量的影响上，对于个人用户生成内容效果的调节因素及影响机制的研究则相对较少。

第三节　社会化媒体平台企业生成内容

上述研究主要集中在个人用户生成内容层面，对企业来说这是一种被动影响。企业可以主动采取措施，管理个人用户生成内容；建立品牌社区，发布企业生成内容，为消费者提供交流渠道。企业生成内容为企业提供了主动管理社会化媒体营销，与消费者沟通的机会（De Vries 等，2012）。

一、企业生成内容与产品销售

社会化媒体兼具媒体性和人际交流的特性，是客户交流的在线工具，是企业生成内容存在的重要平台，将其结合到企业市场战略中具有重要意义（Jansen 等，2009）。在社会化媒体平台上开通品牌社区是常见的企业社会化媒体营销实践。品牌社区是指基于品牌和消费者之间的社会关系所建立的专门的、无地理位置限制的网络社区（Muniz 和 Q'guinn，2001）。开通品牌社区能够有效影响消费者对企业的认知，提高消费者满意度与忠诚度（Ngai 等，2015），提高企业收入（Tang 等，2012）。

研究表明，在消费者决策过程中，企业生成内容是消费者获得信息的重要来源（Cole 等，2012）。消费者通常会同时搜索企业生成内容和用户生成内容，获取需要的信息，在消费者做出购买决策时，企业生成内容与用户生成内容呈互补关系（Bronner 和 De Hoog，2010）。基于社会化媒体的互动性，企业生成内容可以帮助企业与消费者建立牢固的关系（Kumar 等，2016）。企业在社会化媒体平台上发布内容，消费者可对博文进行点赞、转发及评论，与企业互动，从而形成对品牌的积极评价。此外，企业生成内容也促进了消费者之间的互动，强化了品牌态度。

目前研究检验了企业生成内容数量、情感及接受度对销量的影响（Goh 等，2013；Kumar 等，2016）。企业生成内容的情感通常分为三类：积极、中立及消极。企业生成内容的可接受度指企业与消费者之间的互动，是社会化媒体环境下独特的衡量指标，通常为博文点赞数、评论数及转发数的综合（Kumar 等，2016）。研究发现，企业生成内容数量、情感及接受度均对产品销量具有正向影响。具体来说，Goh 等（2013）发现企业生成内容的数量可以通过说服效应影响消费者购买意向。Rishika 等（2013）发现，消费者参与企业品牌社区，能够有效增强消费者与企业的联系，提高客户利润率；同时，企业生成内容的数量越多，该效果越显著。

然而，仅有少量研究探索了内容类型对销量的影响（Goh 等，2013；Lee 等，2016）。已有研究将企业生成内容分为信息性内容和说服性内容两类，并初步衡量了这两类内容对产品销量的影响，但未得到一致结论。Goh 等（2013）发现信息性内容对消费者购买意愿影响不显著，而 Lee 等（2016）则发现信息性内容正向影响消费者参与。此外，企业生成内容的相关文献尚未形成统一的内容分类框架。这部分文献大多沿袭了广告内容的分类框架（如 Lee 等，2016），但是说服性内容的分类和衡量标准尚未统一。Goh 等（2013）用企业生成内容的情感来衡量说服性，而 Lee 等（2016）则根据广告内容的文献来定义说服性内容。本书将基于广告内容的相关文献定义信息性内容和说服性内容，具体见第四章。

以上研究主要基于单个企业数据，集中在个体消费者层面，从企业角度出发的研究相对较少，研究结论不具有可推广性。因此，本书将基于多个企业的数据，衡量企业生成内容的效果，探索企业生成内容类型对销量的影响，使研究结果更具一般性和可推广性。

二、企业生成内容对产品销售的影响机制

目前，仅有少量研究探索了企业生成内容对产品销量的影响机制（Hansen 和 Lee，2013）。大部分研究仅关注了企业生成内容与产品销量的直接关系，而忽略了效果产生的机制（如 Rishika 等，2013）。探索企业社会化媒体营销效果产生的机制，可以帮助企业在进行社会化媒体营销时制定合适的战略，选择合适的评价指标。

在企业进行社会化媒体营销时，企业社会化媒体营销投入会在一定程度上影响消费者之间的交流，而进一步地，消费者之间关于产

品、服务的交流会对消费者的态度和行为产生影响，从而影响企业的销售收入。

已有文献分别研究了企业微博营销活动对消费者交流的影响，以及消费者之间的交流对购买意向的影响。消费者之间的交流即为社会化媒体平台上的用户生成内容。在传统媒体平台上，用户生成内容表现为口碑，口碑主要包括舆论引导与舆论寻求两个方面。舆论引导是指消费者发表意见，影响他人的行为；舆论寻求则是指消费者寻求并采纳意见领袖的建议（Flynn 等，1996）。而在社会化媒体环境下，用户生成内容行为可以被划分为舆论寻求、舆论引导和舆论传递三个维度（Chu 和 Kim，2011）。舆论引导可以用消费者生成的用户内容数量来表示，舆论传递则可以用博文的点赞数、转发数和评论数来衡量。

在社会化媒体环境下，舆论传递是衡量企业微博营销效果的重要指标（张晶等，2014）。研究表明，企业官方微博粉丝数量、发布博文数量、博文主题对其转发数、评论数有一定影响（金永生等，2011；Sabate 等，2014；陈静宇等，2014）。例如，金永生等（2011）通过研究企业微博营销效果和粉丝数量的关系，认为粉丝数量、企业官方微博发布博文数量，与企业微博营销的影响力有正向相关关系。陈静宇等（2014）通过实验发现企业官方微博博文主题、来源账号的身份对企业官方微博转发意愿具有显著影响。Sabate 等（2014）通过研究企业官方微博的内容丰富度，发现官方微博博文内容特征对博文评论数和点赞数有积极影响。但文献尚未涉及企业官方微博名人朋友数对其营销效果的影响。同时，舆论传递对消费者行为有一定的影响。Hansen 和 Lee（2013）以技术接受模型作为理论基础，从消费者的角度出发，探索了影响消费者对广告态度的因素，发现舆论传递和舆论引导影响消费者对企业生成内容的态度，消费者对企业生成内容的态度影响消费者对品牌的态度，进而影响消费者的行为。

以上研究从消费者行为角度出发，探讨了企业微博营销活动对消费者互动的影响，但尚未形成统一的框架。本书第五章将从企业角度出发，探索企业微博营销活动效果产生的机制。

第四节　本章小结

本章主要基于消费者决策过程理论，结合社会化媒体信息传播理论，分析社会化媒体对消费者决策过程的影响，奠定了本书的理论基础。消费者在制定购买决策时，主要经历需求识别、信息收集、评估方案、购买决策和购后评价 5 个阶段。社会化媒体的发展为信息的多对多传播（即多个信息生成者对应多个受众）提供了网络平台，信息传播形态由传统的一级传播模式、二级传播模式逐渐演变为三级传播模式。在三级传播模式下，社会化媒体信息在企业和消费者之间双向流动，形成了互动交流，信息可以像病毒一样迅速而高效地蔓延，企业社会化媒体营销相关信息传播得更快、更广，对消费者决策过程的每个阶段都产生了影响，从而影响消费者购买决策。

通过对个人用户生成内容和企业生成内容相关文献的梳理和总结，我们发现，以上研究主要是基于消费者个人层面，研究个体用户生成内容对消费者行为的影响，以及企业生成内容对个体消费者行为的影响，缺乏对企业主动进行社会化媒体营销的效果及其产生机制的探索，对于企业主动进行社会化媒体营销实践缺乏指导意义。本书将从企业角度出发，旨在准确衡量企业微博营销实践的效果。除此之外，社会化媒体是一种强调用户参与和互动的新兴在线媒体，借助用户形成的社会网络，信息可以传播得更快、更广。因此，研究社会化媒体营销内容的效果及机制，应该考虑社会化媒体的互动性和社会性。本书将结合社会化媒体的这两个属性，基于信息传播理论，探索社会化媒体营销效果产生的机制。

第三章　企业微博营销与销量关系的实证研究

社会化媒体从根本上改变了人们创造、交流及消费的模式，近些年来非常流行，不仅是个体消费者，企业也积极参与社会化媒体活动，与消费者互动。创建品牌社区是企业进行社会化媒体实践的一种典型方式。品牌社区是基于消费者的社会关系形成的社会网络，所建立的专门的、无地理位置限制的网络社区（Muniz 和 O'guinn，2001）。社会化媒体平台上品牌社区的建立为企业带来了很多好处：一方面，社会化媒体品牌社区通过说服性沟通提高了消费者购买意向（Goh 等，2013），从而促进了产品销量（Dhar 和 Chang，2009）；另一方面，消费者在企业社会化媒体社区上的行为增加了消费者访问频率（Rishika 等，2013），反过来又会促进品牌信任及品牌忠诚度（Laroche 等，2012；Laroche 等，2013）。

尽管消费者和企业广泛应用社会化媒体，但关于社会化媒体经济价值的相关研究仍然较少。企业将社会化媒体营销作为整合营销传播的重要组成部分，投入了大量资金和人力，在此过程中，衡量企业社会化媒体营销的效果非常必要。然而，根据盖洛普咨询公司发布的美国消费者调查报告显示，企业尚未就社会化媒体平台社区对销量的影响达成一致（Ed O'Boyle，2014）。对企业来说，量化社会化媒体营销的效果，发现其中的问题至关重要（Hoffman 和 Fordor，2010）。

也就是说，企业必须评估其社会化媒体策略，并对其做出相应调整，否则，企业就可能会放弃社会化媒体营销实践，或者继续盲目进行。这也是促使我们检验企业社会化媒体营销对销量的影响效果的重要原因。

本章的研究主要是基于以下动机。

首先，尽管之前文献研究了社会化媒体个人用户生成内容对企业销售收入的影响及其机制，但是关于企业生成内容（尤其是社会化媒体的推广方式）的研究数量相对较少。现存研究考虑了个人用户生成内容的多个方面，包括评论的数量、评论的情感、评论的来源等（Dellarocas 等，2007；Shao，2012；Ye 等，2011；Karniouschina，2011；Liu，2006）。研究发现，评论数量与产品销量显著正相关，但文献尚未对评论情感与产品销量之间的关系形成一致结论（如 Liu，2006；Dellarocas 等，2007）。企业将社会化媒体营销作为一种重要的营销方式，而仅有的对企业生成内容的研究主要集中在个体消费者层面（Goh 等，2013；Rishika 等，2013），从企业角度出发的研究较少。

其次，文献中研究了企业特征对用户生成内容效果的影响，然而，企业生成内容的相关研究中尚未考虑企业特征的影响。在用户生成内容的研究中，Gu 等（2012）发现，对于低介入度产品，零售商网站上的用户生成内容对销量的影响更大；对于高介入度产品，第三方网站上的用户生成内容对销量的影响更大。因此，我们将从产品介入度的角度出发，检验企业特征如何影响企业生成内容的效果。

最后，企业在社会化媒体上的行为对于其绩效也有一定的影响。考虑到企业与消费者之间的互动，企业发布的内容、消费者特征及社会化媒体特征均对企业的社会化媒体营销效果有一定的影响。研究发现，品牌社区发布的内容（Logan 等，2012；Smith 等，2012；Erdoğmuş 和 Cicek，2012；De Vries 等，2012）和消费者特征（Rishika 等，2013）对于社会化媒体营销的效果有显著影响。例如，Rishika 等（2013）发现，对访问频率高、低价格敏感性的顾客，社会化媒体参与的效果更好。但是，研究中尚未考虑社会化媒体特征如何影响企业社会化媒体营销的效果，我们将对这一问题进行探索。

因此，在本章中，我们将基于淘宝网及其社会化媒体平台微淘，对企业微博营销与企业销量的关系进行研究。微淘的开通使得我们可以利用准实验设计的思路检验企业使用社会化媒体的效果。为控制企业自选择所带来的内生性问题，我们首先利用倾向性得分匹配方法匹配开通微淘店铺及未开通微淘的店铺，之后再利用双重差分方法检验企业社会化媒体营销的效果。

第一节　文献回顾与理论背景

与本章相关的研究包括个人用户生成内容、企业生成内容及产品介入度，前面已对个人用户生成内容和企业生成内容的相关文献进行了总结和述评，因此本节将主要总结产品介入度的相关文献。

产品介入度通常被定义为消费者基于自身的需要、价值和兴趣，所感知到的产品品类的重要性（Muncy 和 Hunt，1984；Zaichkowsky，1985）。产品介入度对消费者的购买行为和交流模式具有直接影响。将消费者看作一个群体，不同产品具有不同的介入度。低介入度产品指的是大多数消费者认为该产品与自身价值几乎无关，具有较低的品牌忠诚度；而高介入度产品指的是具有较高价值或较高购买风险的产品（Lastovicka，1979）。通常情况下，低介入度产品具有较低的购买风险或较低的价格，而高介入度产品通常具有较高的价格（Assael，1984）。

研究表明，产品介入度影响消费者的决策过程，包括消费者搜索产品信息的程度、对该品类其余产品的认知和品牌忠诚度（Bian 和 Moutinho，2009；Quester 和 Lin，2003；Venkatraman，1988；Zaichkowsky，1985；Vann，1984；Belk，1982）。基于不同的产品介入度，消费者往往会经历不同的决策过程（Assael，1984；Engel 等，1995）。例如，由于高介入度产品的高价值或高风险，消费者在购买高介入度产品时通常会进行更多的信息搜索（Zaichkowsky，1985）。

研究者开发了测量产品介入度的量表。例如，Zaichkowsky（1985）开发了 PII（Personal Involvement Inventory，个人介入度清单）用来衡量产品介入度，Brisoux 和 Cheron（1990）利用 PII 将化妆品识别为高介入度产品，而文具产品是低介入度产品的代表（Mittal，1989）。

本章将从产品介入度角度衡量社会化媒体平台企业生成内容对销量的影响。根据文献，我们选择化妆品作为高介入度产品的代表，因为这类产品直接关系到消费者的形象，购买时需要考虑多种属性（如功能、效果、价格等），具有较高的风险（Suh 和 Youjae，2006；Park 和 Moon，2003）。而文具类产品为低值易耗品，具有较低的产品介入度（Martin，1998），因此我们选择文具产品作为低介入度产品的代表。

第二节 理论分析与研究假设

在本节中，我们将分析微博平台企业生成内容与企业销量的关系，以及这种关系如何受企业产品特征（产品介入度）和社会化媒体参与度（粉丝数量及博文数量）的影响。我们将基于消费者决策过程阐述本章的假设。消费者决策过程可分为5个阶段：需求识别，信息收集，评估方案，购买决策及购后评价。企业生成内容通过发布产品或服务信息，与消费者互动，影响消费者决策过程中的一个或多个阶段，提高消费者购买意向，进而提高企业销售额（Ed O'Boyle，2014）。下面，我们将逐一对研究假设进行讨论。

一、社会化媒体企业生成内容与企业销量

在消费者决策过程中，企业生成内容作为一种重要的信息来源，增加了产品进入考虑集的可能性。我们认为企业生成内容将对信息搜索、评估方案及购后评价这三个阶段产生更大的影响。社会化媒体平台的互动性及媒体性则会进一步扩大这一影响。

对大多数消费者来讲，信息搜索是消费者决策过程的关键阶段（Punj 和 Staelin，1983；Assael，1984）。消费者在确定需求之后，即开始信息搜索。企业生成内容是消费者进行搜索的重要信息来源。尽

管用户生成内容颇为流行，但企业生成内容作为产品和公司信息发布的单一权威渠道，仍然起到了至关重要的作用（Cole 等，2011）。企业生成内容中通常会包含产品信息，如产品功能、产品质量、新产品发布信息及促销信息等。除产品信息以外，企业生成内容中还会包含最新的流行趋势或产品使用技巧，以吸引和教育消费者。例如，化妆品企业在微博上开通品牌社区，提供护肤技巧，推荐相关产品，消费者因此可以获得更多知识，被推荐的产品所吸引，并购买产品。总体而言，企业生成内容不仅能够勾起消费者的兴趣，还能刺激需求，引领消费。微博等社会化媒体作为一种新兴的信息传播渠道，产品和企业信息可以通过网络效应传播得更快、更广（Kwak 等，2010）。

在评估方案阶段，消费者需要确定产品的哪一属性是重要的（Engel 等，1995）。在评估过程中，消费者将会收集可靠的信息以做出选择。企业生成内容，尤其是其中所包含的产品特征信息，能够有效地将自己的产品和服务与竞争对手区别开来。同时，社交媒体的互动功能能够有效解决消费者决策过程中的不确定性（Punj 和 Staelin，1983）。

此外，品牌形象是消费者评估方案时会考虑的另外一个因素（Kotler 等，2014）。品牌形象反映了消费者对品牌的评价和认知。在做出购买决策时，消费者往往会考虑品牌形象与自身形象的契合性，当产品能够有效地创造或改善自身形象时，消费者才会购买产品（Graeff, 1997）。因此，将特定品牌形象呈现给目标消费者是企业基本的营销活动（Park 等，1986）。在这方面，企业生成内容能够有效地塑造、阐述及强化品牌形象（Meenaghan，1995）。基于企业生成内容所塑造的品牌形象，消费者能够对品牌的功能价值、符号价值及体验价值有所了解。

在购买后阶段，品牌社区为消费者提供了分享购物经历和产品使用体验的平台，从而影响消费者行为。消费者可以与企业互动，企业也可以收集消费者反馈。在社会化媒体平台上，企业与消费者之间的互动会更加快捷有效。

基于以上分析，社会化媒体平台上的企业生成内容可以通过影响消费者决策过程，对企业销量产生正向影响，因此，我们提出如下假设。

H1：社会化媒体平台上的企业生成内容正向影响企业销量。

二、产品介入度与企业生成内容的效果

企业生成内容已成为企业影响消费者购买行为的重要手段，而企业生成内容的效果在一定程度上会受到产品特征的影响。产品介入度是影响消费者搜索、处理和保存信息的重要性质（Zaichkowsky，1985；Bloch 等，1986）。下面，我们将从消费者信息搜索和信息处理两方面，分析产品介入度是如何调节企业生成内容对消费者购买行为的影响的。

首先，消费者信息搜索可以分成两类，即购买中搜索和购买前搜索（Bloch 等，1986）。对于这两类信息搜索方式，企业生成内容都是消费者重要的信息来源，消费者搜索行为受产品类型影响，尤其是产品介入度的影响（Bloch 等，1986）。

购买中搜寻是指独立于特定购买需求的信息搜索和处理行为，往往没有特定目标。研究发现，产品介入度是影响购买中搜寻的重要的先决条件，对消费者购买行为有显著影响。在购买高介入度产品时，消费者需要更多信息以消除不确定性，做出购买决策（Zaichkowsky，1985）。因此，在购买高介入度产品时，消费者具有较高的动机参与

购买中搜索活动，如关注企业社会化媒体账号、浏览企业生成内容等。如果管理得当，企业生成内容可以帮助企业提高产品曝光度、与消费者互动并刺激消费者需求。由于购买中搜索没有特定目标，消费者可以大量浏览企业生成内容，了解产品和品牌，提高购买意愿。而在购买低介入度产品时，消费者仅需少量信息做出购买决策，因此具有较低的关注企业生成内容的动机。所以，企业生成内容对低介入度产品的销量影响较小。

与购买中搜索不同，购买前搜索是指与特定购买决策相关的搜索活动（Bloch 等，1986）。购买前搜索具有间歇性，但需要更详细和具体的信息。企业生成内容可以为消费者提供详细的产品信息，借助社会化媒体的社会网络，消费者可以更快地获知信息，从而提高购买意愿。购买前搜索也受到产品介入度的影响（Bloch 等，1986）。介入度理论认为产品介入度影响消费者信息搜索和信息处理的程度（Bian 和 Moutinho，2009；Quester 和 Lin，2003；Venkatraman，1988；Zaichkowsky，1985；Vann，1984；Belk，1982）。通常，消费者在购买高介入度产品前会搜索更多信息。

其次，在进行信息处理时，企业生成内容的效果也受产品介入度的影响。根据详尽可能性模型，说服的效果取决于信息处理。消费者通过两种路径处理信息，即核心路径和边缘路径。当消费者具有较高的能力和动机时，往往选择核心路径，他们大量收集信息，评估产品特征。如果产品和企业信息足够具有说服力，消费者将会产生积极态度，购买意愿提高。在边缘路径下，消费者具有较低的动机或意愿处理信息，他们更关注边缘性的信息，如产品品牌或产品外观。

在购买高介入度产品时，消费者具有较高的动机处理企业生成内容，因此，他们更有可能采用核心路径处理信息。消费者倾向于从多个来源获取更多信息，比较多个产品（Gu 等，2012）。也就是说，消费者更有可能从企业生成内容中获取产品详细信息，谨慎思考后做出购买决策。企业生成内容通过消费者认知影响消费者情感，进而影响消费者的购买行为。

相反，消费者在购买低介入度产品时，具有较低的动机和能力处理企业生成内容，更倾向于采用边缘路径处理信息。他们仅需获取少量信息，关注产品边缘性的信息，如品牌和外观等。因此，企业生成内容对消费者观念和购买行为的影响较小。

基于此，我们提出如下假设。

H2：企业生成内容对销售高介入度产品的企业的销量影响更大。

三、社会化媒体特征对销量的影响

企业在品牌社区中发布内容，与消费者互动；消费者关注他们感兴趣的企业账号，接收企业发布的内容，并与企业互动。社会化媒体提高了企业和品牌的曝光量，从而产生了知晓效应。消费者认知是消费者决策过程的第一步，也是进入后续阶段的首要条件（Lavidge 和 Steiner，1961）。关注企业社会化媒体账号的消费者越多，即表示越多的消费者知晓该品牌。同时，企业发布的博文越多，消费者接收到的信息越多，越能够提高企业曝光量。现有研究发现，粉丝数及博文数是衡量知晓效应的重要指标，均对销量有显著正向影响（Rui 等，2013）。下面，我们将分别分析这两个特征是如何调节企业生成内容的效果的。

在社会化媒体环境下，企业账户被归类为信息来源型用户，这类用户是社会网络的核心，通常有大量的粉丝（Java 等，2007）。根据信息传播理论，这类用户处于网络信息传播的中心位置（Balcan 等，2009），他们发布的信息可以传播到大量的人群（Starbird 和 Palen，2010）。企业账户的粉丝数越多，信息就能传递给更多用户，从而影响消费者的决策行为。消费者通过影响其他消费者，信息层层传递，形成涟漪效应（Gremler 和 Brown，1999），从而促进销量的增长。

基于此，我们提出如下假设。

H3：企业生成内容对粉丝数多的企业的销量影响更大。

以往研究表明，用户生成内容的数量是衡量知晓效应的重要指标，与产品销量正向相关（Liu，2006；Duan 等，2008）。类似地，我们认为企业生成内容的数量也是知晓效应的重要衡量指标，企业发布的博文越多，就会有越多的消费者知晓品牌和产品，从而促进企业销量增长。

企业开通的品牌社区为企业和消费者互动提供了一个有效的渠道，有利于信息的传播和扩散。对于特定的营销渠道来说，企业和消费者之间的信息沟通传递，能够促进决策制定，提高消费者忠诚度（Mohr 和 Nevin，1990）。频率是反映沟通强度的一个重要变量。沟通频率与消费者认知、消费者忠诚度和企业绩效密切相关（Mohr 和 Nevin，1990）。在社会化媒体平台上，企业生成内容的数量表示企业和消费者之间的沟通频率。企业生成内容的数量越多，沟通强度也就越高，从而促进了企业销量的增长。

除此之外，社会化媒体平台使得企业与消费者之间的双向互动成为可能，社会网络结构促进了互动的强度（Gremler 和 Brown，1999）。企业生成内容能够帮助企业维持与消费者的定期互动，加强企业与消费者之间的关系。当消费者与企业保持良好亲密的关系时，会产生更高的购买意向（Rishika 等，2013）。

基于此，我们提出如下假设。

H4：企业生成内容对发布博文数多的企业的销量影响更大。

第三节　研究设计

本节数据抓取自电子商务平台淘宝网。作为典型的 C2C 交易平台，淘宝网可以为用户提供多种多样的产品和服务，卖家在此平台上开通、运营淘宝店铺，目前平台活跃卖家数量超过 1000 万。2013 年淘宝网上线了面向商家的社区化营销平台——微淘。卖家可在微淘上建立品牌社区，推广店铺和产品，发布购物类内容，用户可关注自己感兴趣的账号，通过订阅的方式，获取信息和服务，卖家与买家能够围绕账号产生互动。我们选择微淘进行研究主要是基于以下几点考虑：首先，店铺微淘运营数据与店铺销量数据、产品销量数据来源一致，可排除其余不相关因素的影响；其次，由于微淘是从无到有的社会化媒体服务，部分店铺开通了微淘，而部分店铺未开通微淘，因此可以利用准实验设计的思路检验社会化媒体平台企业生成内容对销售收入的影响。基于此，我们利用双重差分方法分析了开通微淘店铺及未开通微淘店铺在微淘开通前后的销量差异。同时，为消除样本自选择偏差，在双重差分分析之前，我们采用倾向性得分匹配方法对开通微淘与未开通微淘店铺进行匹配，并进一步地使用控制方程模型处理倾向性得分匹配过程中未观察到的因素所带来的隐性偏差（Hidden Bias）问题。

一、模型设定

1. 倾向性匹配得分

倾向性匹配得分的目的是在多个维度将开通微淘的店铺和特征相似的未开通微淘的店铺进行匹配，从而使得实验组店铺和控制组店铺在微淘开通前各协变量的分布一致。倾向性匹配得分包括两个步骤：首先，计算作为实验组的开通微淘店铺与作为控制组的未开通微淘店铺的开通微淘的概率。这里，我们采用了 McCaffrey 等（2004）提出的一般化加速建模（Generalized Boosted Model，GBM）来估计倾向性得分。一般化加速建模是一种数据自适应的算法，研究者使用一般化加速建模方法时，不需要预先设定函数形式[①]。然后，我们利用 1 : 1 最近邻居匹配法对店铺进行了匹配，即开通微淘的店铺与另外一个未开通微淘的店铺唯一匹配，匹配的实验组店铺及控制组店铺的倾向性得分差值最小。当研究目标是选取下一阶段的研究样本时，这种方法最为有效（Stuart，2010）。

一般化加速建模是一个一般性的、自动的、数据自适应的算法，它通过回归树的方式拟合多个模型，然后合并由每个模型得到的预测，来估计倾向性得分。根据 McCaffrey 等（2004）提出的方法，为简化计算，一般化加速建模估计了倾向性得分的比值的对数，$g(x)=log\{p(x)/[1-p(x)]\}$，而不是直接估计倾向性得分。这里，$p(x)$ 指倾向性得分。一般化加速建模模型中的主要因变量是$\hat{g}(x)$，自变量包括一系列能够预测店铺是否开通微淘和店铺销量相关的变量。模型设定如下所示。

① 我们也使用了 Probit 模型估计倾向性得分，结果基本一致。

$$\hat{g}(x)=g_0+g_1^*(\ln shopopentime)+g_2^*(\ln credit)+g_3^*(score)+g_4^*(\ln shopcollection)+g_5^*(\ln bhalfcomment)+g_6^*(\ln monthcomment)+g_7^*(\ln weekcomment) \quad (3\text{-}1)$$

在公式（3–1）中，包括了所有与店铺是否开通微淘和店铺销量相关的变量，包括店铺开通时间的对数值（ln *shopopentime*）、店铺累计信用值的对数值（ln *credit*）、店铺收藏量的对数值（ln *shopcollection*）、店铺半年前获得的好评数的对数值（ln *bhalfcomment*）、店铺最近一个月获得的好评数的对数值（ln *monthcomment*）、店铺最近一周获得的好评数的对数值（ln *weekcomment*）。上述变量在模型中均取对数。同时，模型中还包括店铺动态评分（*score*），该评分为店铺描述评分、店铺服务评分、店铺发货速度得分这三个高度相关的变量进行主成分分析之后获得的第一个主成分得分。$g_{(*)}^*$ 表示从某一特定自变量划分所得到的所有回归树的和。例如，g_1^*（ln *shopopentime*）指的是所有从 ln *shopopentime* 划分，ln *shopopentime* 与其他所有自变量的交互所得到的回归树的和。通过以上模型得到的倾向性得分，即可用来匹配实验组和控制组店铺。

2. 社会化媒体营销的主效应

在倾向性得分匹配之后，我们采用双重差分分析方法分析了微淘推广对企业（店铺）销量的影响，如公式（3–2）所示，模型系数使用最小二乘法（Ordinary Least Square，OLS）估计。

$$\ln halfyearsales_{ijt}=\beta_0+\beta_1 Ifweitao_{ij}+\beta_2 Aweitao_{ijt}+\beta_3 Ifweitao_{ij}\times Aweitao_{ijt}+\Theta CV_{ijt}+\varepsilon_{ijt} \quad (3\text{-}2)$$

模型（3–2）为企业层面分析，我们对开通微淘的店铺及其匹配店铺组成的店铺组合建立了分析模型。其中 i 表示一组匹配店铺，j 表示实验组或控制组，t 表示推广时间段前后（这里取店铺开通微淘前后半年）。因变量为 $\ln halfyearsales_{ijt}$（取对数值），表示店铺开通微淘前后半年的销量。

模型（3–2）中的关键自变量包括：$Ifweitao_{ij}$ 为虚拟变量，表示店铺是否开通微淘，1 为是，0 为否。$Aweitao_{ijt}$ 表示店铺开通微淘前后，店铺微淘开通前取 0，开通后取 1。CV_{ij} 表示店铺基本信息等控制变量，包括店铺开通时间（取对数，$\ln shopopentime$）、店铺累计信用值（取对数，$\ln credit$）、店铺动态评分（$score$）、店铺半年前的好评数（取对数，$\ln bhalfcomment$）、店铺最近一个月的好评数（取对数，$\ln monthcomment$）、店铺最近一周的好评数（取对数，$\ln weekcomment$）以及店铺收藏数（取对数，$\ln shopcollection$）。β_0 为固定效应，表示控制组店铺在微淘推广前的水平，控制了店铺之间的异质性。模型中的主要系数为 β_3，表示实验组店铺相对于控制组店铺在微淘推广后的效果。若 β_3 显著为正，表示微淘推广对企业销售收入有正向影响。

3. 社会化媒体特征对销量的影响

给定社会化媒体营销的主要效果，处理效应何时更加有效仍待讨论。为检验假设 H3 和 H4，对开通微淘的实验组店铺，我们分别建立了店铺销售量关于微淘粉丝量及微淘发布数量的模型（3–3）和（3–4）。

$$\begin{aligned}\ln halfyearsales_i = {} & \alpha_0 + \alpha_1 \ln follower_i + \alpha_2 \ln monthcomment_i + \alpha_3 \ln weekcomment_i \\ & + \alpha_4 \ln registerday_i + \alpha_5 score_i + \eta_i\end{aligned} \tag{3–3}$$

$$\ln halfyearsales_i = \chi_0 + \chi_1 weitaonum_i + \chi_2 \ln monthcomment_i + \chi_3 \ln weekcomment_i + \chi_4 \ln registerday_i + \chi_5 score_i + \mu_i \tag{3-4}$$

模型（3-3）和（3-4）的主要因变量为 $\ln halfyearsales_i$，表示店铺开通后半年的销量。这两个模型中主要的自变量包括 $\ln follower_i$ 和 $weibonum_i$，分别为店铺微淘粉丝数的对数值和店铺发布的微淘博文数量。如果这两个变量的系数显著为正，我们即可认为企业生成内容对粉丝数较多的店铺及发布更多博文的店铺效果更好。模型中其他的自变量包括 $\ln monthcomment_i$、$\ln weekcomment_i$ 和 $score_i$，变量含义与模型（3-1）中的变量含义一致；$\ln registerday_i$ 表示店铺开通微淘的日期。这里考虑到变量之间的共线性，我们省略了 $\ln bhalfcomment_i$ 和 $\ln shopcollection_i$。以上分析，可以为企业进行社会化媒体营销提供战略方向和投资方向。

为估计模型（3-3）和模型（3-4）的系数，控制店铺销量对粉丝数和发布博文数量的影响所带来的内生性问题，我们选择 $\ln halfyearsales_{0i}$（店铺开通微淘前半年的销量）作为工具变量，并利用控制方程模型估计以上两个模型的系数（Wooldridge，2015）。具体分析及推导过程见附录 A。

二、数据收集

我们的数据收集过程如下。

首先，在微淘手机搜索页面搜索关键字“文具”“化妆”，获取“文具”“化妆”微淘账号列表，并剔除了其中的淘宝达人账号及个人账号。利用编写的 Java 程序，我们获取了微淘开通日期、店铺微淘粉丝数、所有发布的博文及相应的店铺页面。由于天猫商城店铺的指标与淘宝店铺指标存在很大的不同，因此我们剔除了所有的天猫商城店铺数据，仅保留了淘宝账号店铺数据，以避免这两者之间的系统性差异。最后，我们通过店铺页面进入店铺信用评价页面，获取了店铺基本信息，包括开店时间、卖家名称、店铺的动态评分、店铺历史信用值及收藏该店铺的人数等。这些店铺组成了我们的实验组店铺。

为获取完整的控制组店铺列表，我们利用淘宝网提供的店铺搜索功能，采用与微淘列表搜索关键词一致的“文具”“化妆”作为店铺搜索关键词，采集了所有搜索结果列表。剔除这其中已开通微淘的店铺之后，我们获取了 7489 家化妆品店铺及 4134 家文具店铺，这些店铺组成了我们的控制组店铺库（之后我们将通过倾向性得分匹配获得控制组店铺）。我们同样利用 Java 程序获得了以上所有店铺的基本信息。

为检验微淘（企业社会化媒体营销）对于店铺销量的影响，我们选择在 2014 年 4 月和 2014 年 6 月之间开通微淘店铺作为我们的实验组店铺。最后实验组店铺中包含 422 家化妆品店铺及 125 家文具组店铺。关于店铺信息，我们获取了店铺微淘开通前后半年的销量数据。

第四节 实证结果

在本节中，我们将讨论模型（3–1）至（3–4）的结果及其稳健性分析。表 3–1 至 3–6 列出了以上模型的结果。

一、倾向性得分匹配结果

表 3–1 报告了一般化加速建模的倾向性得分估计结果，该表呈现了各个变量对店铺是否开通微淘的相对影响。从表 3–1 中可以看出，根据店铺半年前收到的评论数（ln *bhalfcomment*）和店铺开通时间（ln *shopopentime*），能够有效预测化妆品店铺开通微淘的决策；根据店铺最近一个月收到的评论数（ln *monthcomment*）、店铺开通时间（ln *shopopentime*）及店铺半年前收到的评论数（ln *bhalfcomment*），能够有效预测文具类店铺开通微淘的决策。

表 3–1 一般化加速建模估计结果

变量	相对影响（%）	
	化妆品	文具
ln *shopopentime*	35.00	27.05
ln *credit*	3.73	5.26

续表

变量	相对影响（%）	
	化妆品	文具
score	2.57	0.15
ln *shopcollection*	3.65	6.70
ln *bhalfcomment*	50.49	19.19
ln *monthcomment*	4.44	30.84
ln *weekcomment*	0.12	10.80
最佳迭代次数	19991	19956

基于以上分析得到的倾向性得分，我们利用 1∶1 最近邻居匹配法对店铺进行匹配，并对匹配质量进行评估。这里，我们利用了多种平衡性检验方法评估匹配质量。

首先，我们比较了倾向性得分估计模型中各个自变量匹配前后的标准偏差。标准偏差是指实验组和对照组样本均值的差异百分比，通过实验组和对照组中样本方差平均值的平方根进行标准化（Rosenbaum 和 Rubin，1985）。具体结果如 3–2 所示。标准偏差越小，匹配后的实验组和控制组就越均衡。若匹配后标准偏差的平均值低于 20%，则匹配结果可以接受（Rosenbaum 和 Rubin，1985）。从表 3–2 中可以看出，所有变量的标准偏差在匹配后均低于 18%，表示实验组和控制组店铺在开通微淘前没有显著差异。

表 3-2　匹配前后的描述性统计量和平衡性检验

变量	匹配前/匹配后	均值：实验组	均值：控制组	标准偏差（%）	偏差下降（%）	t-test：T	t-test：p > |t|
化妆类店铺							
ln *shopopentime*	U	9.853	9.811	83.7	91.5	16.04	0.000
	M	9.853	9.857	–7.1		–1.17	0.244
ln *credit*	U	5.965	7.600	–61.7	83.5	–12.33	0.000
	M	5.965	5.695	10.2		1.49	0.136
score	U	0.050	0.005	3.1	–362.1	0.60	0.547
	M	0.050	0.254	–14.5		–2.04	0.042
ln *shopcollection*	U	4.923	6.006	–46.7	71.6	–9.20	0.000
	M	4.923	4.615	13.3		2.01	0.044
ln *bhalfcomment*	U	3.864	6.997	–85.8	93.2	–18.83	0.000
	M	3.864	3.649	5.9		0.80	0.423
ln *monthcomment*	U	3.663	3.808	–6.5	–154.5	–1.25	0.213
	M	3.663	3.293	16.7		2.61	0.009
ln *weekcomment*	U	2.107	2.449	–17.1	65.3	–3.27	0.001
	M	2.107	1.988	5.9		0.93	0.352
文具类店铺							
ln *shopopentime*	U	9.848	9.824	54.0	69.3	5.93	0.000
	M	9.848	9.856	–16.6		–1.43	0.153
ln *credit*	U	7.113	7.066	1.8	–43.8	0.20	0.838
	M	7.113	7.045	2.6		0.21	0.834
score	U	0.057	0.062	–0.5	–408.9	–0.04	0.965
	M	0.057	0.031	2.4		0.28	0.779
ln *shopcollection*	U	5.746	5.211	22.9	22.0	2.63	0.009
	M	5.746	5.329	17.9		1.40	0.163
ln *bhalfcomment*	U	5.017	6.346	–37.0	68.8	–4.52	0.000
	M	5.017	4.602	11.5		0.83	0.409
ln *monthcomment*	U	4.927	3.450	61.9	92.1	6.75	0.000
	M	4.927	5.043	–4.9		–0.41	0.682

续表

变量	匹配前	均值		标准偏差（%）	偏差下降（%）	t-test	
	匹配后	实验组	控制组			T	p > |t|
ln *weekcomment*	U	3.388	2.188	55.2	73.6	6.23	0.000
	M	3.388	3.704	−14.6		−1.17	0.242

注：（1）均值：实验组及控制组匹配前后的样本均值。

（2）偏差下降：匹配后标准偏差下降的百分比。

（3）t-test：比较实验组和控制组均值是否相等。

其次，我们通过比较匹配前后的倾向性得分的核密度分布来检验匹配的质量，如图 3-1 所示。从图中可以看出，实验组和对照组在匹配前后倾向性得分存在显著差异，但该差异在匹配后显著下降。

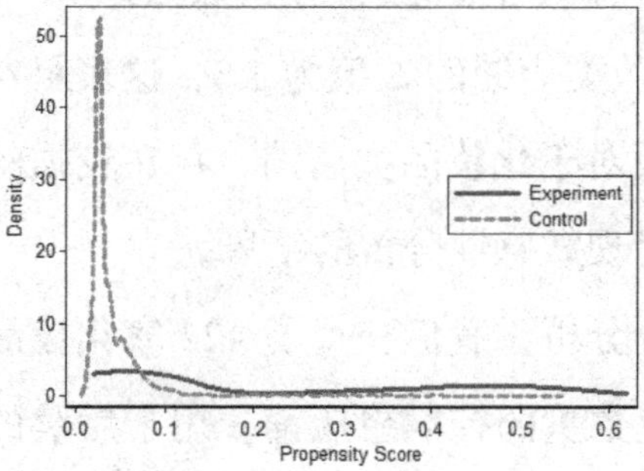

匹配前化妆品店铺

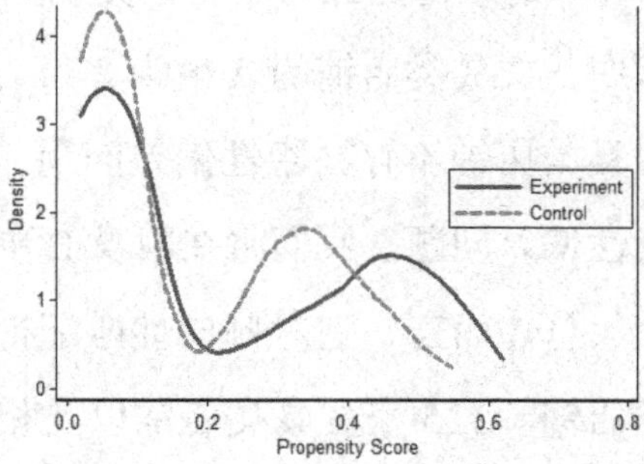

匹配后化妆品店铺

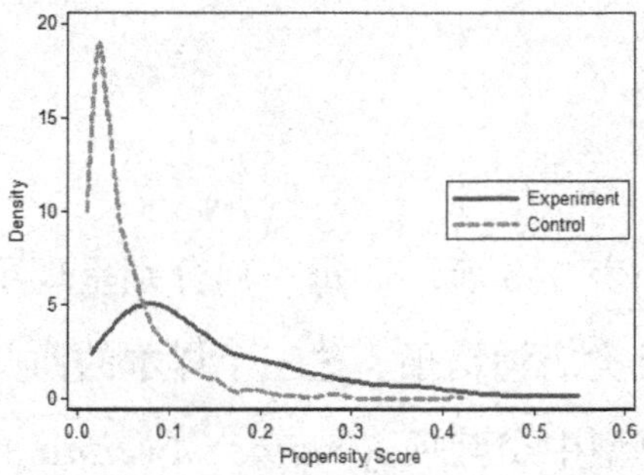

匹配前文具店铺

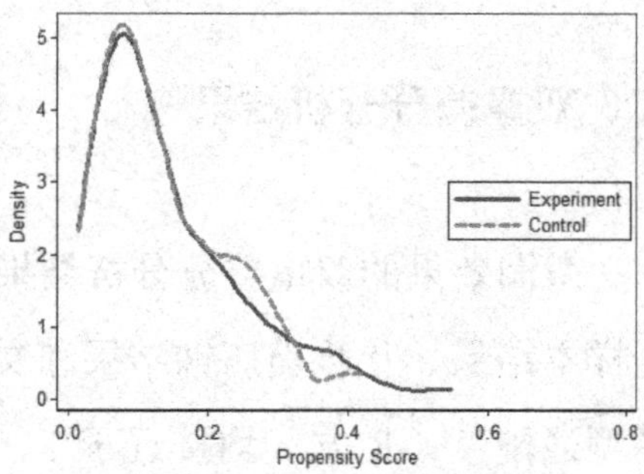

匹配后文具店铺

图 3-1　匹配前后核密度分布

此外，为检验倾向性匹配得分的可忽略处理分配假设是否成立，我们基于 Rosenbaum（2002）和 McCafferey 等（2004）提出的方法，进行敏感性分析，以检验是否存在未观察到的变量与店铺是否开通微淘及店铺销量相关，即隐性偏差问题。隐性偏差的存在表示即使店铺自变量的值相同，开通微淘的概率也不相同，也就是说，存在未观察到的随机变量影响店铺开通微淘的决策。为检验这一问题，我们将敏感性因子设为 Δ（即隐性偏差的强度）。Δ=1 表示隐性偏差不存在，Δ 的值越大，表示隐性偏差越大。我们设定 Δ 从 1 开始逐渐增加，观察结果是否相应改变。如果随着 Δ 不断增大，店铺开通微淘的概率不会改变，我们可以认为，即使可以获得并在模型中增加额外的变量，我们的结果仍然是稳健的。据 Lin 等（1998）的研究，当 Δ 大于或等于 2 时，结果仍然保持不变，则所得到的平均处理效应是稳健的。在本章中，文具类店铺的 Δ 值为 2.1，化妆类店铺的 Δ 值为 1.3，这表示对文具类店铺不存在隐性偏差问题，而对于化妆品类店铺，存在较强的隐性偏差问题。我们将在附录 B 中呈现敏感性分析的结果。

总体而言，通过倾向性匹配得分分析，我们获得了 422 家化妆品类店铺、125 家文具类店铺以及相应数量的控制组店铺，用于后续的双重差分分析。

二、双重差分分析结果

微淘效果的双重差分分析结果如表 3–3 所示，每一列分别呈现了全样本结果、化妆类店铺结果和文具类店铺结果。这三个样本的回归模型适配度（R 方）均接近于 1。模型中交互项 *Ifweitao*×*Aweitao* 的系统均显著为正值，其中，全样本的系数估计值为 0.189（1% 的显著性），化妆类店铺子样本的系数估计值为 0.196（1% 的显著性），文具类店铺子样本的系数估计值为 0.225（5% 的显著性），这表示微淘推广对店铺销量具有显著正向影响。其余控制变量的系数也与我们的理论期望一致。根据 Kennedy（1981）提出的计算弹性的方法，全样本销量弹性为 20.67，表示店铺开通微淘后销量将平均增长 20.67%。相应的，化妆类店铺的销量弹性为 21.35，表示化妆类店铺开通微淘后销量将平均增长 21.35%，文具类店铺的销量弹性为 24.63，表示文具类店铺开通微淘后销量将平均增长 24.63%。总的来说，假设 H1 成立。

表 3–3 双重差分分析结果

	全样本		化妆子样本		文具子样本	
变量	系数	标准差	系数	标准差	系数	标准差
Ifweitao	–0.187***	0.032	–0.181***	0.038	–0.236***	0.071
Aweitao	0.019	0.035	0.015	0.039	0.036	0.073
Ifweitao × *Aweitao*	0.189***	0.047	0.196***	0.054	0.225**	0.098
ln *shopopentime*	8.510***	0.830	8.149***	0.855	8.189***	1.605
ln *credit*	0.665***	0.027	0.694***	0.019	0.554***	0.038
score	0.042***	0.014	0.035***	0.009	0.049***	0.015
ln *shopcollection*	–0.0003	0.014	0.005	0.014	0.004	0.026
ln *bhalfcomment*	–0.146***	0.010	–0.170***	0.009	–0.073***	0.016
ln *monthcomment*	0.402***	0.026	0.379***	0.019	0.534***	0.044
ln *weekcomment*	0.042**	0.018	0.036*	0.020	–0.036	0.044
intercept	–89.940***	8.839	–86.120***	0.094	–86.450***	17.081
N	2188		1688		500	
R–square	0.941		0.933		0.948	

注：*** 表示 $p < 0.01$；** 表示 $p < 0.05$；* 表示 $p < 0.1$。

为进一步检验化妆类店铺和文具类店铺微淘推广的效果差异，我们利用了 Wooldridge（2002）提出的方法。首先，我们构建了虚拟变量 *category*，当店铺销售化妆品时，该值取 1，当店铺销售文具时，该值取 0。之后，我们将 *category* 和交互项 *category*×*Ifweitao*×*Aweitao* 加入模型（3–2）中进行回归分析。交互项将会有效捕捉两类店铺之间的差异。回归分析之后，交互项的系数估计值为 –0.159（1% 的显著性），表示对销售这两类产品的店铺，微淘对销量的影响显著不同。

然而，根据倾向性得分敏感性分析结果，化妆类店铺存在隐性偏差问题，因此，我们将构建控制方程模型验证以上结果。

三、控制隐性偏差

为保证以上结果的信度和效度，依照 Wooldridge（2015）提出的方法，我们利用控制方程方法解决倾向性匹配模型中的隐性偏差问题。关于店铺在开通微淘前后的销量，可以建立以下模型。

$$\ln halfyearsales_i = \gamma_0 + \gamma_1 Ifweitao_i + \gamma_2 Aweitao_i + \gamma_3 Ifweitao_i \times Aweitao_i + \Pi CV_i + \tau_i \tag{3–5}$$

以上模型中，τ 表示未观察到的因素，CV 表示与店铺销量相关的外生控制变量，*Ifweitao* 是内生变量，由于误差项 τ 和解释变量 *Ifweitao* 不独立，这时如果仍然使用标准估计方法估计，模型系数就会有偏且不一致。为解决该问题，我们利用了控制方程方法。控制方程方法的基本思想是生成一个代理变量，表示内生变量 *Ifweitao* 与误差项 τ 相关的部分。这一处理可以使得 *Ifweitao* 剩余的部分与 τ 独立，此时传统估计程序得到的系数估计值将是一致的。

为此，我们构建了模型来计算店铺开通微淘的概率，即将 *Ifweitao* 表示为所有影响销量的外生变量的方程。

$$Ifweitao_i = 1[\Omega CV_i + e_i \geq 0] \quad (3\text{-}6)$$

其中 e 与外生变量独立，服从正态分布 $E(\tau|e)p1e=$ 具体的控制方程估计过程见附录 C。控制方程估计结果如表 3-4 所示，其中第一列为化妆品店铺分析结果，第二列为文具类店铺分析结果。模型适配度均接近于 1。对这两个子样本，交互项 *Ifweitao*×*Aweitao* 的系数均显著为正，化妆类店铺的系数估计值为 0.182（1% 的显著性），文具类店铺的系数估计值为 0.251（5% 的显著性）。控制变量的系数与表 3-3 的双重差分分析结果基本一致。

按照 Kennedy（1981）提出的方法，我们也根据控制方程模型的结果估计了微淘推广的销量弹性。对于文具类店铺，销量弹性值为 19.84%，表示店铺在开通微淘后销量平均增长了 19.84%，对于化妆类店铺，销量弹性值为 27.89%，表示店铺在开通微淘后销量平均增长了 27.89%。以上结果表明，控制隐性偏差后，结果与双重差分分析模型仅有细微差别，化妆类店铺的销量弹性略低于双重差分分析基本模型的结果，而文具类店铺的销量弹性略高于双重差分分析基本模型的结果。以上结果不支持假设 H2，这表明微淘企业生成内容的效果对销售低介入度产品的企业更高。

表 3-4　控制隐性偏差后的微淘效果

	化妆类店铺		文具类店铺	
变量	系数	标准差	系数	标准差
Ifweitao	0.579	0.364	–0.352*	0.183
Aweitao	–0.007	0.028	0.029	0.070
Ifweitao × *Aweitao*	0.182***	0.046	0.251**	0.098
ln *shopopentime*	8.247***	1.020	8.589***	1.809
ln *credit*	0.684***	0.031	0.568***	0.058
score	0.048***	0.009	0.059**	0.029
ln *weekcomment*	0.074**	0.029	–0.050	0.051
ln *monthcomment*	0.338***	0.035	0.543***	0.074
ln *bhalfcomment*	–0.158***	0.014	–0.073***	0.019
e	–0.481**	0.233	0.070	0.115
intercept	–87.45***	10.84	–90.71***	19.20
N	1688		500	
R–square	0.934		0.948	

注：*** 表示 $p < 0.01$；** 表示 $p < 0.05$；* 表示 $p < 0.1$。

四、社会化媒体特征的影响

为检验企业社会化媒体参与程度的影响，我们也分析了店铺微淘粉丝数及发布的博文数对销量的影响，具体的估计过程见附录 A。对于模型（3–3），店铺微淘粉丝数服从正态分布，我们首先估计了模型（A–1）（见附录 A）的误差项 ω。对于模型（3–4），店铺微淘发布的博文数 *weitaonum* 的方差远高于均值（即变量呈过离散分布），我们采用了一般负二项回归模型（Generalized Negative Binomial Regression, GNBR）来估计未观察到的项。微淘粉丝量的效果的估计结果如表 3–5 所示，其中第一列为化妆类店铺的估计结果，第二列为文具类店铺的估计结果。对这两类店铺，ln*follower* 的系数显著为正。具体来说，对化妆类店铺，系数估计值为 0.547（1% 的显著性），对文具类店铺，系数估计值为 0.512（1% 的显著性），表明当店铺微淘拥有更多粉丝数时，微淘营销的效果更好。以上结果支持假设 H3。

为比较两类子样本之间的差异，与前文一致，同样利用 Wooldridge（2002）提出的方法，我们将虚拟变量 *category*（化妆类店铺取 1，文具类店铺取 0）和交互项 *category*×ln*follower* 加入模型（3），重新进行回归分析。交互项的系数估计值为 0.584（1% 的显著性），表示微淘粉丝数的效果对化妆类店铺更大。

店铺微淘发布博文数量的分析结果如表 3–6 所示。对化妆类店铺，*weitaonum* 的系数估计值为 0.031（1% 的显著性），对文具类店铺，*weitaonum* 的系数估计值为 0.050，但该值不显著。因此，以上研究结果部分支持假设 H4。

表 3–5　微淘粉丝数对销量的影响

	化妆类店铺		文具类店铺	
变量	系数	标准差	系数	标准差
ln *follower*	0.547***	0.036	0.512***	0.072
ln *monthcommment*	0.673***	0.040	0.626***	0.100
ln *weekcomment*	–0.169***	0.049	–0.023	0.114
ln *registerday*	13.370***	2.103	19.850***	4.480
score	0.034*	0.017	0.079**	0.031

续表

	化妆类店铺		文具类店铺	
变量	系数	标准差	系数	标准差
ω	−0.521***	0.047	−0.501***	0.087
intercept	−141.100***	22.420	−209.600***	47.750
N	422		125	
R−square	0.917		0.931	

注：*** 表示 $p < 0.01$；** 表示 $p < 0.05$；* 表示 $p < 0.1$。

表 3–6　发布博文数对销量的影响

	化妆类店铺		文具类店铺	
变量	系数	标准差	系数	标准差
weitaonum	0.031***	0.006	0.050	0.049
ln *monthcomment*	0.853***	0.048	0.759***	0.171
ln *weekcomment*	−0.127**	0.063	0.039	0.183
ln *registerday*	−1.838	2.143	−2.969	3.495
score	0.020	0.021	0.069	0.133
ω	−0.033***	0.006	−0.050	0.049
intercept	22.080	22.790	34.210	37.180
N	422		125	
R−square	0.881		0.931	

注：*** 表示 $p < 0.01$；** 表示 $p < 0.05$。

第五节　研究结论

在本章中，我们量化了社会化媒体营销（以微淘营销为例）对企业销量的影响，分析了企业特征及企业社会化媒体参与程度对企业社会化媒体营销效果的影响。基于社会化媒体及产品涉入度相关概念，我们提出了本书的研究假设，运用准实验设计衡量了企业社会化媒体营销的经济价值。基于淘宝及其微博平台微淘的数据，我们发现企业在社会化媒体平台上生成的内容显著促进了企业销量增长。总体来说，在开通微淘半年之后，店铺销量平均增长了20.67%。

然而，对于不同类型的企业，社会化媒体企业生成内容的效果不同。我们利用控制方程模型解决倾向性匹配得分模型中的隐性偏差之后，发现微淘效果对销售低介入度产品的店铺更好。具体而言，文具类店铺在开通微淘半年后销量平均增长了27.86%，化妆类店铺销量平均增长了19.84%。这一发现与我们的研究假设H2相反。

根据理论研究，在购买高介入度产品时，消费者将面临更高的不确定性，因此需要搜索和处理更多信息。社会化媒体上的企业生成内容通过提供产品的详细信息，能够有效帮助消费者降低不确定性，提升销量。在购买低介入度产品时，消费者的不确定性较低，需要的信息较少，企业生成内容的效果更加有限。然而，我们的研究发现，社会化媒体上的企业生成内容对低介入度产品的销量影响更大。这表明对于高介入度产品，企业生成内容虽然能够消除不确定性，但是不能全部消除决策过程中的不确定性。同时，销售低介入度产品的企业采取的社会化媒体营销策略有所不同，从而产生了不同的效果。对低介入度产品，企业会发布促销性的内容刺激消费者的需求，而对高介入度产品，企业生成内容更加强调产品信息，以降低消费者的不确定性，但是这一效果可能低于推广低介入度产品的促销性内容。在下一章里，我们检验了企业生成内容的内容类型，发现了低介入度产品及高介入度产品博文内容的不同模式，这一发现支持了以上论述。此外，我们收集数据时，因微淘平台上线时间相对较短，企业微淘运营处于初期阶段，仍处于学习过程中，尤其对于销售高介入度产品的企业来说，运营战略和策略相对不成熟，尚未形成最佳实践，所以对微淘推广的效果也有所影响。

此外，考虑到企业社会化媒体参与程度，对开通微淘的店铺，粉丝数越多、发布的博文数越多，微淘营销的效果也就越好。对于销售高介入度产品的企业来说，这一效果会更大。

第四章 微博平台企业生成内容的分析及效果

当前，越来越多的企业利用社会化媒体推广它们的品牌和产品，与消费者互动，企业生成内容已成为一种典型的社会化媒体营销活动。在社会化媒体平台上，内容可以传播得更快、更广。然而，企业对企业生成内容是否影响及如何影响企业绩效的认知并不清晰。

由于缺乏绩效评估机制，目前企业尚未就社会化媒体营销是否有效达成一致。以通用汽车为例，通用汽车认为其在 Facebook 上的市场营销策略并不能增长其产品销量，因此中断了其在社会化媒体营销上的投入。相反，另外一些企业则认为社会化媒体营销对企业绩效有正向影响。以戴尔为例，2007—2009 年间，戴尔官方微博账号在 Twitter 上持续发布特卖信息，与消费者互动。据戴尔官方数据显示，戴尔通过 Twitter 已获得超过 700 万美元的收入。这两个不同的例子表明，对企业来讲，衡量社会化媒体营销的效果非常重要。不同类型的企业，社会化媒体营销的效果也可能不同。

企业在进行社会化媒体营销时，往往会发布各种类型的内容，不同内容对于消费者购买意愿及企业销量的影响也有所不同。在实践中，营销人员通常会发布信息性内容和说服性内容。信息性内容是企业社会化媒体营销实践中最常见的内容，可以为消费者提供品牌信息和产品信息，与消费者互动（Gaber 和 Wright，2014）。说服性内容能够更有效地吸引消费者的注意力，说服消费者进行最终购买（Muhammad 等，2014），然而，目前仅有少量研究检验了不同类型的企业生成内容的效果。本章将研究不同类型的企业生成内容对销量的影响，从而帮助企业改进它们的社会化媒体营销实践。

本章的研究动机如下。

首先，在产品层面衡量企业社会化媒体营销的效果。以往社会化媒体营销效果的研究主要聚焦于单个企业的消费者（Goh 等，2013；Rishika 等，2013），本章则是基于多个企业的产品数据来研究社会化媒体营销的效果，结论更具一般性和可推广性。

其次，目前关于社会化媒体企业生成内容的研究主要关注数量、情感等量化指标，鲜有对内容本身的探索研究。少量关于内容类型的研究尚未得出一致结论。Goh 等（2013）和 Lee 等（2016）将企业生成内容分为信息性内容及说服性内容两类，发现社会化媒体营销通过说服性沟通影响销量，而 Tucker（2014）则发现病毒式营销广告说服力通常较弱。我们将在本章探索不同类型的内容对产品销量的影响，提供更有说服力的结论。

最后，本章将检验产品特征对内容类型效果的调节作用。

因此，本章将基于淘宝的微博平台微淘，采用准实验设计的思路研究社会化媒体营销中企业生成内容对销量的影响。淘宝店铺可以在微淘平台上建立品牌社区，发布内容（即企业生成内容）。企业发布的内容通常会包含品牌信息、产品信息和促销信息等。消费者可以订阅企业的微淘账号，接收企业发布的内容，与企业互动。为探索企业生成内容类型对产品销量的影响，根据广告内容文献，我们将微淘内容编码为信息性内容、说服性内容和促销性内容三类。研究结果表明，社会化媒体营销对产品销量具有显著正向影响。总体来说，在微淘推广之后，产品销量平均增长了48.99%，信息性内容对社会化媒体营销的效果影响更大。进一步地，我们发现，对于高介入度产品，信息性内容更加有效，而对于低介入度产品，促销性内容更加有效。

第一节　文献回顾与理论背景

本章内容与企业生成内容、产品介入度和广告内容的研究相关，本节将简要介绍广告内容相关的研究。

社会化媒体平台上企业生成内容与传统媒体平台上的广告具有相似之处（Kumar等，2016）。广告是消费者获取商品信息的重要渠道，成为消费者了解商品和服务的第一窗口。广告内容是广告的重要组成部分，能够有效影响消费者行为，提高企业绩效（Vakratsas和Ambler，1999；Goh等，2013）。本章将参照传统媒体平台的广告内容研究，探索企业社会化媒体生成内容类型对产品销量的影响。

已有文献将广告内容划分为信息性内容和说服性内容两类（Goh等，2013；Bertrand等，2010；Abernethy和Franke，1996；Liaukonyte等，2015）。信息性内容是指包含产品或服务的属性和功能的内容，这些内容可以有效减少消费者购买的不确定性（Abernethy和Franke，1996）；说服性内容是指假设消费者已经了解了产品的属性和功能，需要进一步了解产品的优势，将其与市场上的替代品区分开来（Nan 和 Faber，2004；Armstrong 等，2010；Berger 和 Milkman，2012）。

目前广告相关的文献主要研究了广告内容对销量的影响。这部分研究主要聚焦于传统平台，如杂志（Berger 和 Milkman，2012）、电视（Anand 和 Shachar，2011；Liaukonyte 等，2015）等。研究发现，信息性内容可以为消费者提供产品属性信息（Resnik 和 Stern，1977），为消费者匹配合适的产品（Anand 和 Shachar，2011），增加消费者购买意愿，从而对产品销量产生正向影响（Liaukonyte 等，2015）。说服性内容（如情感性内容）则可以唤起消费者情感，促进信息传递（Berger 和 Milkman，2012），从而增加产品销量（Liaukonyte 等，2015）。

在社会化媒体平台上，不同类型的内容对销量的影响是否有所不同尚未得到一致结论。Goh 等（2013）和 Lee 等（2016）发现，社会化媒体营销主要通过说服性沟通产生效果，而 Tucker 等（2014）则发现，社会化媒体平台上信息性内容传播得更快、更广。

基于该领域的研究现状，本章将检验社会化媒体平台上不同类型的内容对销量的影响。我们主要基于 Resnik 和 Stern（1977）提出的信息分类框架来衡量信息性内容，信息性内容是指产品相关信息，包括产品功能、产品质量和产品产地等信息；我们参考了 Lee 等（2016）提出的框架来衡量说服性内容，说服性内容是指能够突出产品优势，将产品与其余替代品区分开，并改善企业与消费者关系的内容。

第二节 研究设计

本章数据同样来源于淘宝网及其微博平台微淘，微淘的开通使得我们可以通过准实验设计检验企业生成内容的效果。首先，使用双重差分分析方法衡量这一效果，即检验微淘推广产品与未经微淘推广产品在微淘推广前后的销量差异。其次，基于微淘推广的产品，分析了企业生成内容类型对销量的影响。

一、模型设定

首先，我们在产品层面检验了企业社会化媒体营销对产品销量的影响。具体模型如公式（4–1）所示，这里使用普通最小二乘法对该模型进行估计。

$$\ln sales_{it} = \alpha_0 + \alpha_1 Treat_i + \alpha_2 After_{it} + \alpha_3 Treat_i \times After_{it} + \Theta X_i + \varepsilon_{it} \tag{4-1}$$

模型（4–1）中，i 表示实验组或控制组的一个产品，t 表示推广时间前后（这里取产品在微淘推广前后 4 天的销量数据）。实验组包括了所有被微淘推广过的产品。实验组的每一个产品都与一个控制组产品匹配，该控制组产品与实验组产品来自同一卖家，具有相似的特征，且从未被微淘推广过。因变量 $sales_{it}$ 表示产品被微淘推广前后 4 天的销量。

模型（4–1）中的主要自变量包括：$Trea_{ti}$ 表示产品是否进行了微淘推广，若被推广，则取值为 1，未被推广则取值为 0；$Afteri_t$ 表示微淘推广前后，微淘推广前取值为 0，微淘推广之后取值为 1；交互项 $Treat_i \times Afteri_t$ 表示社会化媒体营销对产品销量的影响，我们这里主要关注的是该项的系数 α_3。同时，考虑到店铺及产品基本特征对销量的影响，模型（4–1）中添加了一系列控制变量 X_i，包括店铺开通微淘的时间（$\ln opentime$）、产品价格（$\ln price$）、产品颜色种类数目（*color*，有两个以上选择则取 1，否则取 0）、产品是否包邮（*delivery*，收运费取 1，包邮取 0）、产品收到的评论数（$\ln comments$），以及反映产品受欢迎程度的变量产品收藏量（$\ln collection$）。

给定企业社会化媒体营销的效果，基于微淘推广的产品（即实验组产品），我们进一步检验了哪一类内容对产品销量的影响更大。具体来说，我们对模型（4–2）和模型（4–3）依次进行了回归分析。

$$\ln sales_{it} = \beta_0 + \beta_1 After_{it} + \Omega X_i + \xi_{it} \tag{4–2}$$

$$\begin{aligned}\ln sales_{it} = {} & \gamma_0 + \gamma_1 After_{it} + \gamma_2 After_{it} \times Persuasive_{it} + \gamma_3 After_{it} \times Informative_{it} + \gamma_4 After_{it} \times Promotional_{it} \\ & + \gamma_5 After_{it} \times \ln WordNum_{it} + \Pi X_i + \mu_{it}\end{aligned} \tag{4–3}$$

模型（4–2）和（4–3）分别检验了微淘营销对销量的影响及企业生成内容类型对销量的影响。以上两个模型的因变量为 $sales_{it}$（取对数），表示产品在微淘推广前后 4 天的销量。模型（4–2）中的主要自变量为 $After_{it}$ 其含义与模型（4–1）一致，若其系数 β1 显著为正，则表示微淘营销对实验组产品销量有正向影响。模型（4–3）中考虑了企业生成内容类型对销量的影响，即说服性内容 $Persuasive_{it}$、信息性内容 $Informative_{it}$ 和促销性内容 $Promotional_{it}$。除此之外，我们在模型中控制了博文长度（*WordNum*，表示博文字数）的影响。交互项

$After_{it} \times Persuasive_{it}$、$After_{it} \times Informative_{it}$ 和 $After_{it} \times Promotional_{it}$ 表示微淘内容类型对产品销量的影响，我们主要关注这三项的系数值 γ_2、γ_3 和 γ_4。与模型（4–1）一致，我们在模型（4–2）和（4–3）中也控制了店铺及产品基本特征。

二、数据收集

我们收集了所有开通微淘的店铺信息，获取了它们的每一条微淘动态，提取了每条微淘动态中推广的产品以及产品对应链接，并获取了产品对应的基本特征和销量数据。与第三章一致，为检验产品类型对微淘营销效果的调节作用，我们选取化妆类产品作为高介入度产品的代表、文具类产品作为低介入度产品的代表。

详细数据收集过程如下：首先，在微淘移动端页面搜索关键字“化妆”和“文具”，获取开通微淘的店铺列表，为消除天猫店铺和淘宝店铺之间的系统差异，我们仅保留了淘宝店铺的微淘账号列表。其次，基于以上的微淘账号列表，我们获取了每个微淘账号的开通时间、所有发布的微淘动态以及对应的店铺网页。再次，我们获取了 2014 年 8 月 15 日至 2014 年 10 月 31 日这一阶段所有微淘账号发布的博文。在这一阶段，店铺逐渐认知到了微淘营销的重要性，微淘营销活动日益活跃。若微淘博文中含有产品推广内容，通常会带有产品链接地址。我们借此获取了微淘博文中推广的所有产品链接及其对应的产品页面内容。为消除产品间的系统性差异，我们保留了仅被微淘推广过一次的产品，这些产品构成了我们的实验组。最后，基于以上产品页面地址，我们抓取了产品信息，包括产品价格、产品颜色和选项的数目、产品运费、产品收到的评论数、产品收藏数及产品 30 天内的成交记录。

我们基于淘宝提供的“看了又看”功能，又获取了控制组产品。“看了又看”功能可以基于消费者浏览历史，在当前产品页面上展示与当前产品类别、特征相似的 4 ~ 6 个产品。换句话说就是，对一个实验组产品，我们都获取了与之对应的控制组产品，它们来自同一店铺，具有相似的特征。控制组产品从未被微淘推广过。之后，我们获取了控制组产品的基本信息及成交记录。

最后，我们获取了来自 135 个店铺的 526 个产品（包括 391 个化妆类产品及 135 个文具类产品）及其匹配产品的信息。我们将基于该样本进行后续微淘营销效果及微淘内容效果的分析。

三、内容编码过程

基于以上收集的微淘博文，我们按照内容分类程序对内容进行分析。两位独立编码人员经过一定的训练和练习之后，对微淘博文进行了编码。

首先，在训练阶段，我们先向编码人员讲解了内容分析方法及过程。本章研究中根据文献提出的框架（Abernethy 和 Franke，1996；Lee 等，2016），将内容分为信息性内容及说服性内容。我们列出了 18 个内容属性来衡量这两类内容。信息性内容包含描述所有产品或服务特征的数据，包括产品产地、产品质量及产品功能，这部分信息能够有效地帮助消费者降低购买过程中的不确定性（Abernethy 和 Franke，1996）。说服性内容则指能够突出产品优势的信息，包括产品使用攻略等（Lee 等，2016）。基于微淘账号列表，我们收集了这些账号发布的 100 条博文，这些博文都发布于 2014 年 8 月 15 日之前。

之后，我们随机选取了其中的 10 条博文，举例为两位编码人员讲解各个内容属性的定义。对剩余的 90 条博文，我们进行了两次训练（每次 45 条博文）。在每次训练过程中，编码人员需要通读每条博文，依次判断博文是否包含以上 18 条内容属性，若含有该内容属性，则该项取值为 1，若不含该内容属性，则该项取值为 0。值得一提的是，在此过程中，我们要求编码人员着重注意图片中的内容。博文中的图片通常会含有重要信息，包括产品价格、产品功能及用户体验。通常情况下，产品价格和用户体验会出现在图片角落，产品产地及功能会出现在图片中的产品外包装上。因此，对图片中的内容也进行编码对保证内容编码的完整性具有重要意义。每次训练持续大约三小时，由两名编码人员对博文进行独立编码。训练结束之后，我们对于编码人员在编码过程中遇到的问题给予了解答。

之后，进入练习阶段。在这一阶段，我们收集了 2014 年 8 月 1 日至 2014 年 8 月 14 日发布的 61 条微淘博文作为练习集。练习集的博文样本与训练集完全不同。两名编码人员先对练习集中的 31 条博文进行了编码，并对其中不一致的部分进行讨论，达成了一致。之后，两名编码人员对剩余的 30 条博文进行了编码[①]。归类一致性系数达到了 0.97，在可接受的范围内（Lacy 和 Riffe，1996）。

最后，我们对研究样本进行了编码。两名编码人员独立对本章研究的所有博文内容进行编码，在此过程中可以参考训练期间的例子。两名编码人员归类一致性系数达到了 0.96，Cohen's Kappa 系数值为 0.90，在可接受的范围内（Lacy 和 Riffe，1996）。

在内容编码完成之后，我们获得了每一条微淘博文 18 个属性的

① 研究表明，预测试需要 30 条博文（Lacy 和 Riffe，1996）。

取值。为验证这18个内容属性的效度，我们利用因子分析进行了分析。碎石图和矢量值显示三个因子（共10个属性）是较为合适的。所以我们删除了8个不显著的属性。这三个因子对应三类内容，即说服性内容、信息性内容和促销性内容。促销性内容包含产品价格、折扣信息及包邮信息。与以往研究不同的是，我们除了考虑信息性内容和说服性内容外，还考虑了促销性内容。从实践角度出发，在当前中国企业社会化媒体营销实践中，发布促销性内容是企业常用的手段。

在表4-1中，列出了我们最终选用的三类内容、10个属性的定义及描述性统计特征。其中*text*、*correlation*和*livingguide*为说服性内容的属性，表示博文是否包含突出产品优势的描述。信息性内容的属性则包括*origins*、*productknowledge*、*userexp*和*quality*。促销性内容包括*deal*、*freeshipping*和*price*，这三个属性为消费者提供了产品价格及促销信息。促销性内容强调产品促销活动或优惠信息，而信息性内容则强调的是产品信息。下文我们将基于这三类内容类型，即信息性内容、说服性内容和促销性内容，来检验社会化媒体营销内容对产品销量的影响，在表4-2中，列出了研究中的所有变量定义及描述性统计特征。

表4-1 内容属性的定义及描述性统计特征

因子	属性	定义	均值	标准差	最小值	最大值
说服性内容 Persuasive Content	*text*	博文中是否含有补充性的文本描述	0.624	0.486	0	1
	correlation	博文文字描述是否与产品相关	0.547	0.499	0	1
	livingguide	博文内容是否包含生活常识、产品使用攻略	0.276	0.449	0	1

续表

因子	属性	定义	均值	标准差	最小值	最大值
信息性内容 Informative Content	*origins*	博文中是否包含产品产地	0.200	0.401	0	1
	productknowledge	博文中是否包含产品特征详细描述	0.476	0.501	0	1
	userexp	博文中是否提及用户体验	0.171	0.377	0	1
	quality	博文中是否包含产品质量的描述	0.206	0.406	0	1
促销性内容 Promotional Content	*deal*	博文中是否包含打折信息	0.394	0.490	0	1
	freeshipping	博文中是否包含免邮或降低邮费信息	0.253	0.436	0	1
	price	博文中是否提及了产品价格	0.659	0.476	0	1

表 4-2　变量的描述性统计特征

变量	定义	N	均值	标准差	最小值	最大值
sales	微淘推广前后 4 天的产品销量（取对数）	2104	1.402	1.717	0	8.606
Treat	产品是否被微淘推广，若产品被微淘推广，则取 1，否则取 0	2104	0.500	0.500	0	1
After	微淘推广前后，微淘推广后取 1，否则取 0	2104	0.500	0.500	0	1

续表

变量	定义	N	均值	标准差	最小值	最大值
opentime	店铺开通微淘的日期，取 1960/1/1 作为基准	2104	9.888	0.004	9.878	9.901
price	产品价格（取对数）	2104	3.743	0.484	−0.968	8.188
color	产品是否有多个颜色或选项，若产品有两个以上颜色 / 选项，则取 1，否则取 0	2104	0.375	0.484	0	1
delivery	产品是否包邮，若产品不包邮，则取 1，若产品包邮，则取 0	2104	0.591	0.492	0	1
collection	产品被收藏数（取对数）	2104	4.126	2.372	0	10.044
comments	产品收到的评论数（取对数）	2104	2.486	1.998	0	8.336
Persuasive	博文中的说服性内容（因子分析的第一个因子得分）	1052	0.042	0.888	−1.349	1.033
Informative	博文中的信息性内容（因子分析的第二个因子得分）	1052	0.147	0.846	−1.154	2.031
Promotional	博文中的促销性内容（因子分析的第三个因子得分）	1052	0.081	0.758	−0.944	1.811
WordNum	博文长度（字数，取对数）	1052	5.798	1.870	0	9.253

第三节　实证结果

一、产品层面双重差分分析

我们首先对实验组产品和控制组产品在微淘推广前后的产品成交量进行简单的分析。从表 4-3 中可以看出，微淘推广前实验组产品成交量与控制组产品无显著差异（-0.101），而推广后实验组产品成交量显著大于控制组产品成交量（0.305，在 1% 的水平显著）。对于实验组产品，平均成交量增长显著（推广后平均值 1.709，推广前平均值 1.197，增长 0.512，在 1% 的水平上显著）；对于控制组产品，平均成交量的增长不显著（推广后平均值 1.405，推广前平均值 1.298，增长 0.106，不显著）。由此，我们可以得出以下结论：微淘推广对产品销量有显著正向影响。下面，我们将使用双重差分分析方法进行详细分析。

表 4–3　实验组与控制组的成交量比较分析

	成交量			
	实验组	控制组	差值（实验组 – 控制组）	t–test
微淘推广前	1.197	1.298	–0.101	–1.014
微淘推广后	1.709	1.405	0.305	2.752***
差值（推广后 – 推广前）	0.512	0.106	0.406	
t-test	5.192***	0.956		

注：*** 表示 $p < 0.01$；*t-test* 为双边检验。

表 4–4 报告了产品成交量关于微淘推广的双重差分分析回归结果，即模型（4–1）。在表 4–4 中，第一列为双重差分分析基本模型，不含任何控制变量，第二列为包含了控制变量的模型结果，第三列和第四列分别为化妆类产品和文具类产品进行双重差分分析后的结果。我们发现微淘推广（*Treat*×*After*）的系数在所有模型中都显著为正，这表明微淘推广对于产品成交量具有显著正向影响。具体来说，在不含控制变量的简单模型中，交互项 *Treat*×*After* 的系数为 0.406（5% 的显著性），在全样本分析中，交互项的系数为 0.406（1% 的显著性）。其余控制变量的系数方向和显著性也与我们的期望一致，店铺微淘账号开通时间的系数显著为负（–20.170，1% 的显著性），表明微淘账号开通时间越早，店铺运营的经验越丰富，微淘推广的能力越强；产品价格的系数显著为负（–0.207，1% 的显著性），表明价格较低的产品成交量较大；产品收藏量以及收到的评论数的系数显著为正（分别为 0.086 及 0.499，1% 的显著性）。第三列是对化妆类产品微淘推广效果的衡量，微淘推广的系数显著为正（0.351，1% 的显著性），表明微淘推广对化妆类产品的成交量有正向影响；产品价格的系数显

著为负（0.252，1% 的显著性），表明产品价格越低产品成交量越大。第四列是对文具产品微淘推广效果的衡量，微淘推广的系数显著为正，表明微淘推广对文具产品的成交量有正向影响（0.565，5% 的显著性）；产品价格的系数显著为负（0.168，1% 的显著性），表明产品价格负向影响产品成交量；店铺微淘账号开通时间系数为正值但不显著（3.161，不显著），表明对于文具这类标准化以及价值较低的产品，店铺微淘开通时间对消费者决策的影响力较弱。

表 4–4　产品微淘推广的双重差分分析结果

变量	无控制变量		全样本		化妆类产品		文具类产品	
	系数	标准差	系数	标准差	系数	标准差	系数	标准差
Treat	−0.101	0.098	0.053	0.063	−0.021	0.080	0.184	0.070
After	0.107	0.116	0.107	0.063	0.079	0.071	0.186	0.068
Treat × *After*	0.406**	0.107	0.406***	0.099	0.351***	0.102	0.565**	0.087
ln *opentime*			−20.170***	5.852	−18.680***	5.820	3.161	5.830
ln *price*			−0.207***	0.022	−0.252***	0.027	−0.168***	0.025
delivery			−0.028	0.058	−0.042	0.053	0.044	0.057
color			−0.134**	0.061	−0.201***	0.059	0.183	0.063
ln *collection*			0.086***	0.019	0.066***	0.019	0.113**	0.021
ln *comments*			0.499***	0.025	0.572***	0.024	0.343***	0.027
intercept	1.298***	0.087	199.900***	57.900	185.400***	57.560	−31.040	57.650
N	2104		2104		1564		540	
R–square	0.0125		0.551		0.626		0.372	

注：*** 表示 $p < 0.01$；** 表示 $p < 0.05$。

为检验产品类型对微淘效果的调节作用，基于 Wooldridge（2002）提出的方法，我们构建了虚拟变量 *category* 表示产品类型，当该产品为文具类产品时，取值为 1，当该产品为化妆类产品时，取值为 0。交互项 *category*×*Treat*×*After* 表示产品类型对微淘推广效果的影响。我们将 *category* 与 *category*×*Treat*×*After* 加入模型（4–1），基于全样本进行分析，结果表明，*category*×*Treat*×*After* 的系数值为 0.507（5% 的显著性），表明化妆类产品和文具类产品微淘推广效果存在显著差别，文具类产品微淘推广效果显著高于化妆类产品推广效果。

根据 Kennedy（1981）计算弹性的方式计算微淘推广对产品成交量的弹性，我们发现，对于两个品类的产品，弹性值为 48.99，即微淘推广使得产品成交量在推广 4 天内提升 48.99%，对于化妆类的产品，弹性值为 41.27，即微淘推广使得产品成交量 4 天内提升 41.3%，对于文具品类的产品，弹性值为 71.11，即微淘推广使得产品成交量 4 天内提升 71.11%。

二、企业生成内容的效果分析

基于实验组产品，我们进一步检验了不同类型的企业生成内容（即说服性内容、信息性内容及促销性内容）对产品销量的影响是否不同，以及产品类型如何影响这一效果。我们采用了分层回归的方法。

首先，基于实验组产品，我们分析了社会化媒体营销对产品销量的影响，即模型（4–2）。表 4–5 分别列出了全样本、化妆类产品及文具类产品的结果。对于所有样本，*After* 的系数值均显著为正（全样本 0.549、化妆类产品 0.473、文具类样本 0.789，1% 的显著性水平），表明企业社会化媒体营销对产品销量有正向影响。同时，模型（4–2）

控制变量的系数方向和显著性均与模型（4-1）保持一致。

表 4-5 微淘营销对实验组产品的效果

	全样本		化妆类产品		文具类产品	
变量	系数	标准差	系数	标准差	系数	标准差
After	0.549***	0.078	0.473***	0.086	0.789***	0.172
ln *opentime*	–20.430**	9.968	–30.170***	10.420	74.460**	30.710
ln *price*	–0.241***	0.030	–0.284***	0.036	–0.071	0.077
delivery	–0.010	0.090	–0.105	0.094	0.396	0.267
color	–0.071	0.084	–0.183*	0.099	–0.039	0.217
ln *collection*	0.147***	0.035	0.090**	0.039	0.298***	0.089
ln *comments*	0.421***	0.042	0.502***	0.047	0.240**	0.113
intercept	202.500**	98.580	299.100***	103.000	–736.800**	303.800
N	1052		782		270	
R–square	0.524		0.540		0.514	

注：*** 表示 $p < 0.01$；** 表示 $p < 0.05$；* 表示 $p < 0.1$。

然后，我们分析了企业生成内容内容类型对产品销量的影响，即模型（4–3），结果显示，在表 4–6 中。与模型（4.2）的结果相比，在模型中加入微淘内容的影响之后，对全样本及两类子样本，*After* 的系数不显著。而 *After* 和内容类型的交互项显著。表明微淘营销的效果主要来自微淘内容本身。

具体来说，对于全样本，交互项的系数 *After×Informative* 显著为正（0.287，1% 的显著性水平），而 *After×Persuasive* 和 *After×Promotional* 的系数不显著。结果表明，总体上企业生成内容中的信息性内容对产品销量的影响更大。在子样本分析中，对于不同类型的产品（即化妆品和文具），内容对产品销量的影响也不同。化妆类产品的结果与全样本结果相似，即相比说服性内容和促销性内容，信息性内容对产品销量的影响更大。对于文具类产品，促销性内容对产品销量的影响更大（0.407，10% 的显著性）。此外，对所有样本，*After*×ln*WordNum* 的系数显著为正，表明微淘博文越长，对产品销量的影响越大。

表 4–6　微淘内容类型对实验组产品销量的影响

	全样本		化妆类产品		文具类产品	
变量	系数	标准差	系数	标准差	系数	标准差
After	–0.207	0.250	–0.325	0.247	0.549	0.566
After × *Persuasive*	0.070	0.081	0.0296	0.0796	0.294	0.225
After × *Informative*	0.287***	0.074	0.457***	0.0802	–0.274	0.186
After × *Promotional*	–0.006	0.078	–0.0938	0.0834	0.407*	0.230
After × ln*WordNum*	0.121***	0.044	0.133***	0.0418	0.073	0.095
ln *opentime*	–11.450	10.261	–18.92*	10.04	63.220*	33.060
ln *price*	–0.230***	0.035	–0.257***	0.0346	–0.063	0.080
delivery	–0.069	0.088	–0.133	0.0889	0.389	0.281
color	–0.091	0.083	–0.127	0.0943	–0.017	0.217
ln *collection*	0.120***	0.034	0.0479	0.037	0.280***	0.093
ln *comments*	0.424***	0.050	0.528***	0.0449	0.251**	0.114
intercept	113.864	101.486	188.000*	99.33	–625.600*	327.000
N	1052		782		270	
R–square	0.561		0.589		0.541	

注：*** 表示 $p < 0.01$；** 表示 $p < 0.05$；* 表示 $p < 0.1$。

我们接下来将结合消费者决策过程，解释化妆类产品及文具类产品内容效果的差异。在购买高介入度产品（这里为化妆类产品）时，消费者通常需要收集更多的产品信息，以消除购买过程中的不确定性。因此，企业社会化媒体平台上发布的信息性内容能够为消费者提供尽可能多的信息，提高消费者购买意愿，从而增加产品销量。在购买低介入度产品（这里为文具类产品）时，消费者仅需要收集少量信息，更关注边缘性的信息，如品牌、外观和促销信息。因此，消费者会被企业在社会化媒体平台上发布的产品促销信息所吸引，做出购买决策。

三、稳健性检验

为保证结果不受外界因素影响，我们进行了一系列稳健性分析。首先，我们对时间窗口进行了稳健性检验。我们使用另外两个时间窗口，即微淘推广前后 2 天、微淘推广前后 3 天，重新估计了模型（4–1）与（4–3）。模型（4–1）的估计结果如表 4–7 所示。我们发现，微淘推广前后 2 天、微淘推广前后 3 天的结果与我们的主模型一致。具体就是，交互项 *Treat×After* 的系数显著为正（1% 的显著性水平）。此外，在微淘推广前后 2 天、前后 3 天及前后 4 天，*Treat×After* 的系数分别为 0.288、0.350 和 0.406，表明微淘推广对产品销量的影响随时间增长逐渐增加。对两个子样本，我们也得到了一致的结果，如表 4–8、表 4–9 所示。

表 4-7 全样本微淘营销效果的稳健性检验

全样本	±2 天产品销量		±3 天产品销量	
样本	系数	标准差	系数	标准差
Treat	0.050	0.067	0.056	0.070
After	0.086	0.067	0.085	0.070
Treat × *After*	0.288***	0.094	0.350***	0.098
intercept	211.308***	56.262	229.995***	58.828
控制变量	包含		包含	
R-square	0.488		0.522	

注：*** 表示 $p < 0.01$。

表 4-8 化妆类样本微淘营销效果的稳健性检验

化妆类产品	±2 天产品销量		±3 天产品销量	
变量	系数	标准差	系数	标准差
Treat	-0.024	0.799	-0.020	0.073
After	0.086	0.239	0.088	0.073
Treat × *After*	0.272***	0.099	0.303**	0.103
intercept	204.9***	56.980	216.699***	58.679
控制变量	包含		包含	
R-square	0.562		0.597	

注：*** 表示 $p < 0.01$；** 表示 $p < 0.05$。

表 4–9 文具类样本微淘营销效果的稳健性检验

文具类产品	±2 天产品销量		±3 天产品销量	
变量	系数	标准差	系数	标准差
Treat	0.205	0.156	0.201	0.168
After	0.078	0.154	0.077	0.165
Treat × *After*	0.333	0.217	0.486**	0.233
intercept	–71.003	164.426	7.255	176.570
控制变量	包含		包含	
R–square	0.324		0.358	

注：** 表示 $p < 0.05$。

我们对模型（4–3）也进行了时间窗口的稳健性分析，具体结果如表 4–10 所示。稳健性分析结果与我们的主模型分析结果基本一致。总体来说，与说服性内容和促销性内容相比，信息性的内容对产品的销量影响更大。

表 4–10 全样本微淘营销内容效果的稳健性检验

全样本	±2 天产品销量		±3 天产品销量	
变量	系数	标准差	系数	标准差
After × *Persuasive*	0.069	0.070	0.066	0.074
After × *Informative*	0.310***	0.067	0.240***	0.071
After × *Promotional*	–0.020	0.069	–0.061	0.073
intercept	27.650	87.670	106.500	92.530
控制变量	包含		包含	
R–square	0.512		0.534	

注：*** 表示 $p < 0.01$。

第四节 研究结论

本章中，我们基于微淘这一平台，在产品层面衡量了企业社会化媒体营销的效果，检验了不同内容类型的效果。同时，我们区分了产品类型（即高介入度产品和低介入度产品）对内容效果的调节作用。基于企业生成内容相关研究、广告内容相关研究及产品介入度理论，我们通过准实验设计解决了以上研究问题。基于淘宝及其社会化媒体平台微淘的数据，我们使用双重差分分析方法检验了企业社会化媒体营销活动对产品销量的影响。我们发现，社会化媒体平台上企业生成内容对产品销量具有显著正向影响。总体来说，微淘推广 4 天内，产品销量平均增长了 48.99%。对高介入度产品，微淘推广 4 天内，产品销量平均增长 41.3%；对低介入度产品，微淘推广 4 天内，产品销量平均增长 71.11% 。此外，内容分析的结果表明，与说服性内容和促销性内容相比，信息性内容对产品销量的影响更大。对于高介入度产品，信息性内容的影响更大；而对于低介入度产品，促销性内容的影响更大。

第五章　短视频 PGC 内容类型对产品销量的影响研究

短视频是指播放时间约一分钟左右的互联网视频，以其内容多样、观看方便以及富有趣味而受到了网络用户的喜爱。自 2015 年兴起后，短视频行业规模不断扩大，根据《中国互联网络发展状况统计报告》，截至 2019 年 6 月，我国网民规模达到 8.54 亿，而短视频用户规模达到 6.48 亿，占网民整体的 75.8%。根据 Quest Mobile 的统计数据，截至 2019 年 6 月，短视频用户的月平均使用时间超过 22 小时，并且这个数字还在继续增加。

以上数据表明，短视频俨然成为一种新的娱乐方式。同时，短视频作为一种内容传播方式，也成了商家推广产品的新选择。短视频通过向观众传递商品或服务的信息，可以吸引到更多商品的潜在消费者。为了促进销售，越来越多的商家邀请短视频博主为其推广产品。通过创作合适的短视频内容，博主们甚至可以将一款普通产品变成网络爆款。有的博主主要通过娱乐有趣的内容进行营销，而有的博主则专注于分享产品相关信息，以此说服消费者购买。短视频内容类型不一，可能对产品销量的影响作用也有不同。PGC（Professional-Generated Content）作为一种广义的企业生成内容，其效果受到了企业的关注。PGC 即专家生成内容，泛指专家用户创作并上传到网络上的内容，包含文本、视频、音频等多种形式，是用户生成内容

（UGC）的一种形式。下面，我们将对不同短视频 PGC 内容类型对销量的促进作用进行对比分析。

本研究具有理论和实际上的双重意义。首先，从理论上来说，过往对于 UGC 影响产品销量的研究主要关注于网络口碑，尤其关注在线评论等文本 UGC 对产品销量的影响。研究显示，文本 UGC 的质量、数量以及情感都会影响产品销量。比如：Duan 等人（2008）发现在线评论数量显著影响电影票房；Owusu 等人（2016）发现 UGC 内容的相关性、时效性以及可信度影响消费者购买决策。但是对于视频 UGC 的相关研究较为缺乏，尤其是少有文献研究视频 UGC 对产品销量的影响。因此，研究不同短视频内容类型对产品销量的影响有利于补充相关研究的缺乏。

其次，在实践方面，随着短视频行业的不断壮大，电商与短视频结合的趋势会不断增强，而短视频质量参差不齐，并且在 UGC 视频网站中存在“长尾效应”（陈欣等，2009），即粉丝量众多的达人往往获得大多数流量，而剩下的大多数短视频播放量较少，流量分配严重不均。研究不同短视频 UGC 内容类型对销量的影响，可以帮助商家和达人了解什么样的视频内容可以更好地吸引消费者的购买，从而为短视频制作提供指导，提升带货视频的质量。

本章将回顾其他学者对于 UGC 内容类型的分类，从中总结并确定本研究对于视频 PGC 内容类型的分类。为了缩小研究范围，本书将体验型产品定为研究对象。为了得出不同短视频 PGC 内容类型对产品销量的影响，本研究收集了 319 个短视频以及相关产品的数据，并且设计问卷对短视频 PGC 内容进行分类。通过回归分析探索短视频 PGC 内容类型对产品销量的可能影响，并利用似不相关回归探索了内容类型影响产品销量的机制。结果表明，娱乐型内容通过影响短视频受欢迎程度能够显著促进产品销量，而信息型内容对产品的销量影响不大。

第一节　文献回顾与理论背景

本研究对短视频 PGC 内容类型的划分，参考了 UGC、内容营销及广告的类型划分。

过往研究中对文本 UCG 内容类型分类的探索较少，且分类标准各不相同。根据社区的不同，赵宇翔等人（2012）借鉴 Armstrong 和 Hagel 对虚拟社区的分类，将 UGC 分为娱乐型、商业型、社交型、舆论型和兴趣型五大类。其中娱乐型 UGC 是指以娱乐消遣为主要目的的内容，而商业型 UGC 则包括网络口碑和在线评论等内容。同时，也有学者根据网络口碑的表达形式不同，将网络口碑分为分析型、描述型、娱乐型以及推荐型 4 种类型（胡发刚和张英彦，2018）。其中描述型口碑是对商品相关信息的陈述，推荐型口碑是指专业消费者根据个人使用感受和专业知识对商品进行推荐，而娱乐型口碑因其富有娱乐性，更容易被消费者记住。汪旭晖等人（2019）综合过往研究，分析了移动 UGC 与广告的相同点，将移动视频 UGC 分为信息型内容与娱乐型内容。其中信息型内容主要是传递产品和品牌本身的信息，而娱乐型内容则是分享有趣的内容从而给予观众情感刺激。

内容营销是指企业在自有媒体以及免费媒体上以多种形式发布的关于品牌和产品的信息，这些信息对于消费者来说不仅有价值，而且具有一定的娱乐性，是一种“拉式”战略（周懿瑾和陈嘉卉，2013）。由此可见，UGC与内容营销在内容以及传播形式上有相似之处。为了更进一步明确视频PGC内容类型的划分，本书将借鉴内容营销相关研究对内容营销内容的分类。

Lieb（2012）认为内容的娱乐性和价值性对于内容营销而言至关重要，其中内容的价值性是指内容的相关性、质量以及是否有助于决定购买等。孙天旭（2016）在研究中将内容营销内容分为信息型、娱乐型以及情感型三种，并且证明了内容营销的三种内容类型在影响消费者购买意愿中起主要作用。

此外，视频PGC还具有广告的作用。广告诉求可以分为理性诉求、感性诉求以及混合诉求（王怀明，1999），其中理性诉求主要展现产品本身特点及其带给消费者的利益，而感性诉求则是通过激发消费者的正面或负面情绪促进购买行为。同样有学者在研究UGC广告的文章中，将UGC广告分为理性内容以及感性内容（Krishnamurthy等，2008）。

综上所述，不论是UGC、内容营销还是广告，研究者们都注意到了内容的信息性和娱乐性两种属性。而在实际的视频PGC中，信息型内容和娱乐型内容也是最常见的内容。因此在本研究中，将视频PGC内容类型划分为信息型和娱乐型两种维度。其中信息型内容是介绍产品的特点、功能、优势以及品牌信息，主要向消费者传递产品的功能给消费者带来的利益；而娱乐型内容则是通过精美的视频以及有趣的内容等取悦观众，给予观众一种情感体验。

由于不同种类产品的日常销量不同，研究的产品种类范围过大会导致数据分析的结论出现较大误差。为了减少这种情况，本研究将研究的产品限定为体验型产品。Nelson（1974）在研究中提出了搜索型产品与体验型产品的分类，搜索型产品指可以通过事先收集产品相关的功能参数来判断产品好坏，从而决定购买的产品，手机、照相机以及电脑等功能性产品都属于搜索型产品；而相对的，体验型产品就不能通过产品本身的信息来判断产品好坏，只有参考实际使用感受后才能决定是否购买，洗护用品、鞋包、文具以及食品等都属于体验型产品。

正是因为体验型产品的购买特点，比起搜索型产品的购买者，体验型产品的购买者在购买之前往往会参考更多的 UGC（如网络口碑）来确定是否购买，这意味着体验型产品购买者往往更加依赖 UGC 来确定产品质量。因此，将研究的产品限定为体验型产品更有利于对不同短视频 PGC 内容类型促进销量的问题进行研究。

第二节　研究假设

以往对 UGC 的研究表明，UGC 的质量越高，越能促进消费者做出购买决策。Park 等人（2007）的研究证明，对于低参与度的消费者来说，UGC 质量更能促进其购买意愿。UGC 质量包括信息的相关性、丰富性以及客观性等方面，由于低参与度消费者对于产品了解更少，对产品质量不确定，提供更加充足和相关的产品信息才能减少他们的感知不确定性。而杜学美等人（2016）在研究中也证明了 UGC 的充足性和相关性对消费者产生购买意愿具有显著的正向作用。还有学者指出，网络购物中无法直接接触商品的特性会导致消费者无法确定产品是否符合预期，从而产生消费者感知的不确定性，而提供充足的信息则可以减少这种不确定性（Weathers，2007）。

综上所述，信息型内容可以通过给予消费者产品性能、功效以及优势等相关信息，降低消费者购买的不确定性，从而促进消费者的购买意愿，增加产品销量。

基于此，我们提出如下假设。

H1：信息型内容对销量有正面促进作用。

李志飞（2007）在研究中发现，在顾客参与、顾客学习以及顾客娱乐三种不同的体验活动中，顾客参与最能激发顾客的冲动性购物行为，它通过让消费者感到高兴、轻松、愉快和满足，从而促进消费者产生购买欲望。吴锦峰等人（2012）通过构建网络商店形象对情感反应以及冲动性购买意愿影响的模型，发现快乐的情感反应对促进消费者产生冲动性购买意愿有显著影响。刘凤军等人（2020）等在研究中证明消费者在网红直播购物中感知的实用性价值以及享乐性价值都会促进消费者的购买意愿，其中消费者在购物中感知享乐性价值对促进购买意愿的作用更加明显。享乐性价值重点关注的是消费者在购物中的愉悦、快乐等感受，与实用性价值关注商品本身的实用性以及功能性不同。

综上所述，愉悦、快乐以及轻松的感受可以促进消费者的购买意愿，而视频 PGC 中的娱乐型内容正是通过有趣的内容和精美的视频给予消费者情感体验，所以娱乐型内容可以通过让消费者感到轻松、愉悦以及满足等情感，从而刺激消费者的购买欲望，增加产品销量。

基于此，我们提出如下假设。

H2：娱乐型内容对销量有正面促进作用。

第三节　研究设计

一、模型设定

首先，本研究的目的在于对比不同短视频 PGC 内容类型对产品销量的促进作用，因此因变量是短视频 PGC 带来的产品销量，即多少人观看视频后购买了视频关联的产品。

其次，如前文所言，由于许多 PGC、内容营销以及广告相关的文献都关注到内容的信息性以及娱乐性，本书将短视频 PGC 内容类型分为信息型内容以及娱乐型内容，因此短视频 PGC 的信息型内容得分以及娱乐型内容得分为本研究的两个关键自变量。

最后，由于产品销量不仅受短视频 PGC 内容类型的影响，还同时受许多其他因素的影响，如果忽略这些因素，将会对研究的准确性和可信度造成很大影响。因此，本研究选取了其他可能影响产品销量的因素作为研究的控制变量，从而得出更为准确的结论。研究涉及的所有变量如表 5-1 所示，并根据变量的特征将其分为 4 个类别，分别是产品特征、视频特征、博主特征以及推广特征。

表 5–1　变量及其类别

变量类别	变量
产品特征	价格、品类、抖音月销量、淘宝店铺评分
视频特征	点赞数、评论数、转发数、视频发布时长、信息型内容、娱乐型内容
博主特征	粉丝数
推广特征	近 30 天热推达人数

由于商品的销售平台对商品的销售量影响较大，即使是同一商品，不同的平台销售量也会不同，因此限制商品的销售平台有利于提升研究的精确度。淘宝和天猫目前是我国最大的电商平台，拥有最多的商品种类和交易量，因此本研究将商品的购物平台限定为淘宝和天猫。同时，由于不同的短视频播放平台用户数量以及用户构成不同，同样的商品在不同的短视频播放平台销售量也会有所不同，因此限制短视频平台有利于减少误差。在所有短视频 App 中，抖音拥有最大的用户规模，因此本研究决定将短视频平台限定为抖音。

表 5–2 为本研究中的所有变量以及这些变量的简要描述。由于不同商品在抖音上的销售量差异较大，并且不同视频的内容导向不同，信息型内容得分和娱乐型内容得分也差异较大，因此对研究的因变量和自变量进行对数转换是必要的。一方面，进行对数转换有助于把可能存在的非线性关系转化为线性关系，从而使得回归方程研究的结果更加显著和可靠；另一方面，对数据进行对数变化缩小了样本数值分布的区间，这意味着减少了偏离样本主体的极大值或极小值对数据分析的影响，从而使得自变量和因变量之间的关系更为明显。

表 5–2 变量及其说明

变量	解释
$Informative_i$	某一视频 i 的信息型内容得分
$Emotional_i$	某一视频 i 的娱乐型内容得分
$\ln price_i$	视频 i 所对应商品在淘宝 / 天猫上的售卖价格（取自然对数）
$\ln douyinsales_i$	视频 i 所对应商品在抖音上的近 30 天销量（取自然对数）
$Industry_i$	商品的品类（转换为虚拟变量）
$Reliability_i$	某商品销售店铺的店铺描述评分
$Service_i$	某商品销售店铺的店铺服务评分
$Delivery_i$	某商品销售店铺的店铺物流评分
$Storescore_i$	对店铺描述、店铺服务以及店铺物流三项评分计算因子得分
$Celebrity_i$	近 30 天内参与过该商品推荐的达人数量
$Popularity_i$	对抖音视频点赞数、评论数以及转发数计算因子得分
$Like_i$	给某一抖音视频点赞的人数
$Review_i$	某一抖音视频下的评论总数
$Share_i$	某一抖音视频被转发的次数
$\ln followers_i$	关注某一达人的人数（取自然对数）
$\ln age_i$	某一视频采集的日期与发布日期之差（取自然对数）

本研究对商品的价格、达人的粉丝数以及视频发布时长三个变量也做了对数变换。研究中的商品有的价格高达一千多元，有的却仅售几元，商品间价格差距非常明显。与此同时，不同达人间的粉丝数量差异也相当大，受欢迎的达人拥有着几十万粉丝，有的博主却少有粉丝关注。通过对数变换，可以压缩样本的量纲，不仅突出了这些变量与销量的关系，也减少了样本差异较大对因变量的干扰。

对于另一些控制变量，如商品30天热推达人数由于样本值普遍较小，差异不大，所以不需要通过对数变化压缩样本量纲，而商品的品类作为分类变量也不需要采取对数变化进行处理。

综上所述，构建实证模型如下。

$$\begin{aligned}\ln douyinsales_i = & \beta_0+\beta_1 Informative_i+\beta_2 Emotional_i+\beta_3 Popularity_i \\ & +\beta_4 \ln age_i+\beta_5 \ln followers_i+\beta_6 Celebrity_i+\beta_7 \ln price_i \\ & +\beta_8 Storescore_i+\beta_9 Industry_i+\varepsilon \end{aligned} \tag{5-1}$$

二、数据收集

本研究的数据来源于蝉妈妈网站，该网站是专业的抖音信息收集网站。本研究使用八爪鱼软件进行数据收集，通过设定数据抓取流程，即可快捷方便地抓取网页数据。本研究在2020年3月27日进行了数据收集，通过八爪鱼软件爬取蝉妈妈网站上的数据。数据爬取分为三步：第一步，在蝉妈妈商品库首页爬取商品的名称、价格以及商品在蝉妈妈上的详细页面网址；第二步，收集商品的店铺名称、店铺评分、淘宝网址、抖音月销量、30天热推达人数；最后一步，收集带货商品视频名称、视频点赞量、评论数、转发量、博主名称、抖音号、粉丝数、视频发布的日期以及视频地址。为保证研究结果的有效性，本研究仅选取了近30天内仅有一条推广短视频的产品进行研究，共收集了319个短视频及其相应的推广产品。

三、内容编码过程

短视频PGC内容类型的分类参考Ducoffe（1996）在研究中提

出的量表。本研究采用问卷来衡量短视频信息型内容和娱乐型内容得分。问卷共设置 10 个题项，信息型内容题项和娱乐型内容题项各 5 个。

信息型内容题项如下。

（1）视频近距离展示了商品外形。

（2）在视频中实际使用了产品。

（3）视频突出了产品的至少一个特点。

（4）视频中有产品的语言或文字介绍。

（5）视频中的产品给人留下的印象较深。

娱乐型内容题项如下。

（1）视频中伴随音乐。

（2）视频制作精良。

（3）视频中有幽默元素。

（4）视频把商品展示融入情节中。

（5）视频让人感觉是有趣的。

每个题目下有 0 和 1 两个数字，分别代表“不认同和认同”。本研究雇用了两名信息系统专业学生（编码人员）观看短视频并对短视频 PGC 内容类型进行分析。编码人员首先观看一个抖音短视频，之后填写上述问卷，并将问卷的信息型内容题项的得分与娱乐型内容题项的得分分别加总，就得到一个短视频 PGC 的信息型内容得分以及娱乐型内容得分。

为保证研究的信度，我们对两位编码人员每个题项的编码得分进行了内部一致性分析。由表 5-3 可知，本书设计的内容分析问卷的内部一致性较高，题项的 Kappa 值普遍高于 0.7，大多数题项 Kappa 值高于 0.8，因而可以较为准确地对短视频 UGC 的内容类型进行区分。

从总体上来看，信息型内容题项的 Kappa 值比娱乐型题项的 Kappa 值较高，这可能是因为信息型题项主要测试的是视频中展示产品信息的丰富程度，题项普遍比较客观，而且视频中展示商品信息是否充足作为一个事实也更少受编码员的主观感受影响；而不同的编码员对娱乐型内容的感受程度不同，在填写娱乐型题项时更容易受主观感受影响，因此编码结果偏差较信息型内容更大。

表 5–3 视频内容分析问卷的 Kappa 值

	编号	1	2	3	4	5
Kappa 值	信息型题项	0.869	0.854	0.812	0.795	0.854
	娱乐型题项	1.000	0.812	0.869	0.790	0.731

第四节 实证结果

一、描述性统计分析

本研究共收集了 319 条数据，并通过 SPSS 软件进行数据的描述性分析以及前期的数据处理，包括对数转化、因子分析以及构建虚拟变量等。表 5–4 展示了带货视频中推荐商品的品类，共有 4 个品类，分别为包、女鞋、文具以及洗发水，其中女鞋在所有商品中占比最大，在总商品中占 53.61%，其次是包，占比为 24.14%，而所有商品中文具和洗发水的数量较少，分别占比 10.97% 和 11.29%。

表 5–4　商品的品类

行业	频数	频率	累积频率
包	77.000	24.138%	24.138%
女鞋	171.000	53.605%	77.743%
文具	35.000	10.972%	88.715%
洗发水	36.000	11.285%	100.000%

表 5–5 是变量的描述性统计表，由表可知，商品间的价格差异较大，但总体价格水平适中，表明研究所选择的商品价位容易被消费者接受。信息型内容和娱乐型内容均值分别为 3.367 和 1.997，表明短视频的信息型内容得分普遍在中上水平，而娱乐型内容得分普遍在中下水平。短视频的信息型得分普遍略高于视频的娱乐型得分，表明大多数短视频主要是以展示商品为主、以娱乐型内容为辅。通过两者的标准差，还可以发现不同的短视频信息性差异较大，而大多数短视频的娱乐性一般。

同时，不同商品的全网销售量差别很大，这可能跟商品销售店铺自身的知名度、店铺在销售平台上的排名以及品类等因素有关。而商品的抖音月销量差异相对商品的全网月销量的差距较小，表明抖音平台削弱了上述因素的影响，使得商品的抖音月销量更多地被短视频 UGC 内容类型、播放量、达人粉丝数等因素影响。同样差异巨大的还有不同抖音视频的点赞量、评论数以及转发量，有的视频点赞量破万，而有的视频只有几百点赞量，这不仅是因为短视频内容的差异，更是由于达人粉丝数的差异，粉丝量众多的达人甚至可以有几百万粉丝，而有的达人仅仅拥有几千个粉丝，粉丝数更多的达人发布的视频自然点赞量、评论数和转发量更多，也能吸引更多潜在消费者。

最后，样本在店铺评分、30 天热推达人数等方面的差异较小，可能是由于这些数据本身数字较小，所以变化在统计上表现得不明显，但是这并不意味着这些数据对产品的销量影响不大。

表 5–5　数据的描述性统计

变量	均值	中位数	标准差	最小值	最大值
ln *price*	109.365	79.000	118.685	1.000	1299.000
Informative	3.367	4.000	1.647	0.000	5.000
Emotional	1.997	2.000	0.750	0.000	5.000
ln *douyinsales*	36.550	1.000	137.183	0.000	1467.000
Reliability	4.803	4.800	0.100	4.500	5.000
Service	4.820	4.800	0.085	4.600	5.000
Delivery	4.818	4.800	0.086	4.600	5.000
Celebrity	2.470	2.000	2.649	0.000	20.000
Like	838.150	34.000	4152.620	1.000	44000.000
Review	51.030	2.000	248.636	0.000	2727.000
Share	13.330	0.000	61.106	0.000	800.000
followers	122622.440	21000.000	414649.292	0.000	5313000.000
Interest	503.590	91.000	1025.561	0.000	4999.000
Like'	785419.080	52000.000	3125408.951	0.000	39975000.000
ln *age*	15.310	15.000	7.218	0.000	30.000

二、内容类型的效果分析

表 5-6 展示了部分变量之间的相关性，通过表格可知，商品的店铺评分以及抖音视频的点赞量、转发量以及评论数对商品的抖音销量都有显著影响，然而店铺描述、店铺服务以及店铺物流三个变量的相关性极强，同样，短视频的点赞量、转发量以及评论数之间的相关性也极强。为了避免多重共线性，应当对三类店铺评分以及视频特征的三个变量分别进行因子分析，算出因子得分，用两个因子得分的值替代这 6 个变量参与回归分析，从而得出更为准确的结论。

表 5-6　部分变量相关性矩阵

	Reliability	*Service*	*Delivery*	*Like*	*Share*	*Review*	*Douyinsales*
Reliability	1						
Service	0.840**	1					
Delivery	0.863**	0.930**	1				
Like	0.075	0.044	0.053	1			
Share	0.053	0.02	0.037	0.903**	1		
Review	0.013	0.007	0.017	0.784**	0.680**	1	
Douyinsales	−0.178**	−0.159**	−0.148**	0.141*	0.156**	0.112*	1

注：** 表示 $p < 0.05$；* 表示 $p < 0.1$。

进行了因子分析之后，为了进行回归分析，需要从所有变量中选取一些变量构建回归方程。为了探究视频 UGC 内容类型对产品销量的影响，需加入其他直接影响销量的变量，因此最终保留 *informtive*、*emotional*、*popularity*、ln*age*、ln*followers*、*celebrity*、ln*price*、 *storescore* 以及 *industry* 9 个变量。

其中，与视频特征有关的变量是 *informtive*、*emotional*、*popularity* 以及 ln *age*，前两者是信息型内容与娱乐型内容，*popularity* 是视频的点赞数、评论数以及转发量的因子得分，而 ln *age* 是视频从发布到采集之间的天数；与产品特征有关的变量是 ln *price*、*storescore* 以及 *industry*，其中 ln *price* 与 *industry* 分别指产品的价格和品类，*storescore* 则是产品店铺的店铺描述、店铺服务以及店铺物流的因子得分；ln *followers* 与 *celebrity* 则分别属于博主特征和推广特征，分别表示博主粉丝数以及近 30 天热推达人数。

由于本研究所收集数据为截面数据，这可能导致不同样本点上解释变量之外的其他因素差异较大，可能导致异方差问题。而回归模型一旦出现异方差，可能会导致变量的显著性检验失去意义、参数估计不准确以及模型预测失效等问题。因此，我们采取了 Robust 稳健标准误，用来修正回归模型的异方差问题。本研究使用 Stata 软件进行稳健回归分析，回归结果如表 5–7 所示。

表 5–7　短视频内容得分对销量的影响

		Robust
ln *douyinsales*	Coef.	Std. Err.
informative	–0.257	0.162
emotional	0.044	0.289
ln *age*	0.102	0.134
popularity	0.424***	0.066
ln *followers*	0.264***	0.059
celebrity	0.111**	0.048

续表

		Robust
ln *price*	−0.435***	0.140
storescore	−0.350***	0.076
industry		
女鞋	−0.633**	0.250
文具	−1.945***	0.349
洗发水	−0.856***	0.331
_cons	1.170	1.009

注：*** 表示 $p < 0.01$；** 表示 $p < 0.05$。

由回归结果可知，模型 p 值为 0.0000，意味着模型的置信度达到 99.99% 以上，可以接受模型为真，R 方等于 0.4070，表明该模型解释因变量偏差的范围较小，这可能是由于商品的抖音月销量还受其他没有包含在模型中的变量影响。Root MSE 值为 1.397，数值较小，表明模型拟合较好。

从表 5–7 可知，*informative* 的 p 值为 0.112，表明 *informative* 对短视频商品销量不显著，而 *emotional* 的系数总体上为正，但是 p 值为 0.879，表明这个变量对短视频商品销量的影响不显著。

然而，从理论角度分析，首先信息型内容能够通过给予消费者相关产品的信息和优势，从而减少消费者的购买不确定性和说服消费者购买，而娱乐型内容能够通过给予消费者愉悦和情感刺激促进消费者购买，因此视频内容对产品销量的影响可能存在某些机制，我们将在下一节使用似不相关回归进行分析。

此外，对于其他的变量，*popularity* 的回归系数值为 0.424，并且呈现出 0.01 水平显著性，意味着抖音短视频的点赞数、评论数以及转发量会对产品的抖音月销量产生显著的正向影响关系，这可能是因为视频越受欢迎，接触视频的潜在消费者数量越多；ln *age* 的回归系数值为 0.102，并没有呈现出显著性，意味着视频发布的时长对商品的抖音月销量影响不大；ln *followers* 的回归系数值为 0.264，并且呈现出 0.01 水平显著性，意味着博主粉丝数会对因变量产生显著的正向影响关系，这表明博主粉丝量越多，对产品销量的影响越大；*celebrity* 的回归系数值为 0.111，并且呈现出 0.05 水平显著性，这意味着近 30 天推广达人的数量会正向影响商品在抖音上的销量，表明某商品推荐的达人越多，商品知名度越高，越容易被消费者接受；*storescore* 的回归系数值为 –0.350，并且呈现出 0.01 水平显著性，表明店铺评分负向影响产品销量；ln *price* 的回归系数值为 –0.435，并且呈现出 0.01 水平显著性，意味着价格越高，产品在抖音上的销量越低，这表明人们在观看带货视频时更倾向于购买价格更为低廉的产品，反之，当价格成本过高时则会阻碍消费者的购买意愿。

三、影响机制分析

如前文所述，视频内容会影响视频受欢迎程度，而视频受欢迎程度显著正向影响产品销量。为了探究视频内容、视频受欢迎程度以及产品销量之间的机制，本研究采用似不相关回归来对数据进行分析。似不相关回归一般是用来研究多方程的变量之间没有相关性，但是各方程扰动项之间存在相关性的情况。本书将建立包含两个方程的联立方程，第一个方程以 *popularity* 为因变量，选取会影响视频受欢迎程度的变量作为自变量，包括 *informative*、*emotional*、ln*age* 以及 ln*followers*；第二个方程以 ln *douyinsales* 为因变量，自变量包括 *popularity*、ln*price*、*scorestore*、*celebrity* 以及 *industry*。

综上所述，构建似不相关回归模型如下。

$$popularity=\beta_0+\beta_1 informative+\beta_2 emotional+\beta_3\ln age+\beta_4\ln followers$$
$$+\varepsilon\ \ln douyinsales=\beta_0+\beta_1 popularity+\beta_2 lnprice$$
$$+\beta_3 scorestore+\beta_4 celebrity+\beta_5 industry+\varepsilon \quad (5\text{-}2)$$

通过第一个方程可以了解 *informative* 和 *emotional* 如何影响 *popularity*，通过第二个方程则可以了解 *popularity* 如何影响 ln *douyinsales*，将两个方程进行回归分析，可以更加深入地分析 *informative* 和 *emotional* 对 ln *douyinsales* 的影响。回归结果如表 5–8 所示。

表 5–8　短视频内容得分影响商品销量的机制分析

	系数	标准差
popularity		
informative	–0.159	0.098
emotional	0.525***	0.204
ln *age*	–0.034	0.087
ln *followers*	0.191***	0.027
_cons	–2.137***	0.390
ln *douyinsales*		
popularity	0.746***	0.083
lnprice	–0.412***	0.122
storescore	–0.490***	0.088
celebrity	0.105***	0.031
industry		

续表

	系数	标准差
女鞋	-0.543^{**}	0.217
文具	-1.588^{***}	0.345
洗发水	-0.702^{**}	0.302
_cons	3.557^{***}	0.536

注：*** 表示 $p < 0.01$；** 表示 $p < 0.05$。

由回归结果可知，两个模型的 p 值均为 0.0000，意味着两个模型的置信度均达到 99.99% 以上，第一个模型的 R 方等于 0.1508，第二个模型的 R 方等于 0.3334。两个模型的 Root MSE 值分别为 0.9215 和 1.453，数值较小，表明模型拟合较好。

由第一个回归方程可知，*informative* 的系数为 –0.159，且 p 值为 0.104，而 *emotional* 的系数为 0.525，并呈现出 0.01 水平的显著性，表明信息型内容对视频受欢迎程度的影响不显著，而娱乐型内容对视频受欢迎程度具有显著的正向作用。由第二个回归方程可知，*popularity* 的系数为 0.746，并呈现出 0.01 水平的显著性，这表明视频受欢迎程度对产品销量有显著的正向作用。由此可见，娱乐型内容能够通过影响视频受欢迎程度进而影响产品销量。

综上所述，娱乐型内容可以显著正向影响视频的受欢迎程度，而视频受欢迎程度则可以显著影响产品销量，因此证明视频 PGC 中的娱乐型内容可以通过影响消费者参与，从而对产品销量产生影响，所以结论不仅肯定了假设 H2，并且证明了娱乐型内容作用的机制是通过影响视频的受欢迎程度来影响产品销量。而短视频 UGC 的信息型内容对短视频受欢迎程度的影响不明显，且在 OLS 回归中总体系数为负，所以结论不能证明信息型内容对产品销量有正面作用，否定了假设 H1。

第五节　研究结论

本章对视频 PGC 内容类型对产品销量的影响进行了实证分析，最后得出如下结论。

第一，娱乐型内容对产品销量有显著的正向影响，并且它是通过影响消费者的参与度来影响产品销量。这表明视频的娱乐性导向越强，越能受到观众的喜爱。而视频受欢迎程度之所以能够影响销量，可能是因为越受欢迎的视频被观看的机会越多，从而接触的潜在消费者也越多。因此，商家和博主在制作视频时要注重视频的娱乐型内容，创作能给观众带来愉悦和精神享受的视频，从而提高消费者参与度，促进视频被传播给更多的潜在消费者。

第二，信息型内容对产品销量的正向效果不显著，且信息型内容系数总体上为负。表明信息型内容虽然能够给消费者带来商品信息，降低消费者的购买不确定性，但是并不一定能说服消费者进行购买。

第六章　企业微博营销效果产生的机制

近年来，随着 Web2.0 和移动互联网的发展，社会化媒体凭借其社会网络的属性，在人群中得到了迅速普及，并显著改变了我们的行为模式。微博作为典型的社会化媒体平台，拥有庞大的用户群体。微博的应用不仅体现在消费者层面，在企业层面也逐渐得到普及，特别是在某些契合的行业，如日用消费品行业。目前，新浪微博平台拥有 40 多万家企业微博账号，这些企业主要基于社会化媒体上用户形成的互相连接的人际关系进行品牌营销，将自己的企业文化、品牌价值、产品动态等信息通过社会化媒体加以推广。

目前企业常用的社会化媒体营销实践多种多样，如发布尽可能多的微博、吸引粉丝、与粉丝互动、利用名人进行转发扩散等。然而，大多数企业对社会化媒体的运营仍处在摸索阶段，它们对社会化媒体营销是否有效以及什么是最佳的社会化媒体运营策略等一系列问题并没有清晰的认识。因此，准确衡量社会化媒体营销的投资回报率是重要且必要的，同时企业管理人员需要明确社会化媒体营销策略是否有效（Hoffman 和 Fodor，2010）。然而，目前文献对企业社会化媒体运营效果以及效果产生机制的研究相对较少。本章将围绕这一研究问题，基于微博平台，探索企业官方微博营销策略（官方微博粉丝数、官方微博名人朋友数、官方微博发布博文频率）的有效性及其影响机制，为企业进行社会化媒体营销提供决策依据。

企业通过开通官方微博，为消费者及潜在消费者提供交流平台，促进消费者生成内容；利用名人账号发布信息，促进个体用户的交流；同时，企业也可以主动发布内容，参与消费者交流。这一系列举措影响了消费者决策过程及期望效用。也就是说，消费者决策或效用往往会受他人（包括企业、名人等）的行动或提供的信息所影响，即“社交互动”（Brock 和 Durlauf，2001；Godes 等，2005）。社交互动是信息传播带来的必然结果，也是影响消费者决策的重要因素。根据已有理论，社交互动是企业社会化媒体营销活动产生效果的重要中介。基于 Godes 等（2005）给出的定义，我们按照社会化媒体平台上社交互动的渠道，将其分为两类：官方微博与消费者的互动、全微博平台个人口碑。本章将探索企业官方微博营销的影响机制和社交互动的中介作用。

考虑到数据的可获得性，本章以电影官方微博为对象，研究企业社会化媒体营销对企业绩效的影响及其影响产生的机制。尽管文献中有关于电影评论对票房影响的研究，但针对社会化媒体的推广方式特别是针对企业主动推广（而非个人影评）效果的分析十分匮乏。在我国当下，大多数即将上映的电影，其制作方企业都会建立新浪官方微博，利用这种新型媒体进行电影的宣传推广，以达到提高票房的目的。我们能够获取电影上映期间每周票房数据，以排除电影生命周期的影响。此外，一个电影官方微博在电影上映期间只宣传某一特定电影，也能够排除不相关因素的影响。通过收集电影新浪微博活动及电影票房的数据，我们对电影官方微博营销活动（包括粉丝数、名人朋友数、发布博文的频率）对电影票房的影响进行了研究。研究发现，企业官方微博营销活动主要是通过社交互动影响票房。官方微博上的消费者互动由官方微博博文的评论数、转发数和点赞数体现，全微博平台个人口碑则是指新浪微博平台用户发布的与电影相关的微博总数。官方微博发布的博文数是提升官方微博上的消费者互动、全微博平台个人口碑的重要因素，官方微博的名人朋友数是提升全微博平台个人口碑的重要因素。官方微博粉丝数与电影票房收入呈现倒“U”形关系。与此同时，我们还发现，国产电影和进口电影微博运营效果产生的机制截然不同。对于上述分析结果我们将会尝试给出解释，为企业如何有效运用官方微博进行营销提供理论支持。

第一节　文献回顾与理论背景

本章相关研究包括企业生成内容、个人用户生成内容及社交互动，本节将介绍社交互动的相关概念与理论。

社交互动是指消费者个体的偏好或行为受其余个体的选择或行为影响（Becker，1974；Brock 和 Durlauf，2001；Godes 等，2005）。社交互动的定义包含以下两个要素：行为由个体消费者而非商家产生；影响他人对产品或服务的期望效用（Godes 等，2005）。本章研究将采用 Godes 等（2005）提出的社交互动的概念和框架。社交互动包括三个重要维度：渠道、内容和影响（Godes 等，2005）。渠道指影响力产生的媒介；内容为渠道上所传递的信息；影响指他人行为产生的最终效果。

在社会化媒体平台上，我们将社交互动按照渠道分为官方微博上的消费者互动（以下简称微博互动）和全微博平台个人口碑。官方微博与消费者互动指消费者主动参与品牌、产品、服务及企业的活动，如创建、评论或转发内容等（Parent 等，2011）。官方微博上的消费者互动包括基于品牌社区，所有由企业主导的企业与消费者之间的互动和消费者之间的互动。因此，消费者在企业品牌社区上的所有行为，如转发、评论和点赞都称为微博互动。基于 Muntinga 等（2011）提出的消费者在线品牌相关活动（Consumers's Online Brand-Related Activities，COBRA）框架，社会化媒体平台品牌社区上的微博互动可根据参与程度分为三类，即消费、贡献和创造。消费是最低程度的 COBRA，表示消费者在品牌社区上既不贡献，也不创造内容（Muntinga 等，2011），仅阅读浏览品牌页面上的内容。贡献是中间层次的 COBRA，表示消费者加入品牌社区，评论或点赞他人或企业创建的品牌相关内容。创造是最活跃的 COBRA，表示消费者积极撰写品牌相关评论，发布图片或转发品牌相关内容。基于以上定义的微博互动的分类框架，消费者评论和点赞行为应属于贡献活动的代表，转发行为则属于创造活动。本章将使用消费者评论、点赞和转发行为来衡量微博互动，具体过程见第三节。

与前人研究一致，本章将全微博平台个人口碑定义为消费者就某一产品的信息交换，该信息由个体消费者产生，与企业无关（Kawakami 等，2013；Bloch 等，1986；Bone，1995；Maxham，2001）。研究者主要研究了口碑的数量，即信息的数量（Liu，2006；Chevalier 和 Mayzlin，2006；Rui 等，2013），以及情感，即口碑情感积极或消极（Liu，2006；Duan 等，2008；Rui 等，2013）对销量的影响。口碑的数量通过知晓效应影响产品销量，口碑数量越多，表明越多的消费者知晓该产品（Liu，2006）。口碑情感主要通过说服效应改变消费者对产品或服务的认知（Chevalier 和 Mayzlin，2006；Liu，

2006)。因此，本章将全网个人口碑定义为个人消费者发布的内容，将其包含在理论模型中。

第二节　研究假设

一、社会化媒体营销投入对销售收入的直接作用

口碑是社会化学习的重要方式，直接影响接收者的决策。网络口碑为潜在或真实消费者发布的对产品、企业的积极或消极陈述，通过网络传播给更多用户（Hennig-Thurau 等，2004)。现有研究表明，网络口碑主要是通过知晓效应和说服效应显著影响销量（Liu，2006)。社会化媒体平台的发展促进了新型口碑的产生，如论坛中的帖子、博客（Dewan 和 Ramaprasad，2014）和微博客（Rui 等，2013)。在社会化媒体平台上，企业最常用的营销方式为建立品牌社区（在新浪微博平台表现为开通官方微博)。企业在品牌社区上发布内容，消费者可以关注他们感兴趣的品牌社区，与企业或其他消费者进行互动。品牌社区将品牌和企业形象呈现给消费者，从而增强消费者知晓效应。作为一类新型口碑，品牌社区内的微博对企业销售收入和产品销售收入有显著影响（Rui 等，2013)。品牌社区内的微博客数量和粉丝数量是知晓效应的重要衡量指标（Rui 等，2013)。

首先，我们将从社会化媒体参与的角度分析企业发布微博客数量

对销售收入的影响。社会化媒体参与指企业通过在社会化媒体平台管理内容和发布内容以达成目标（Lee 等，2006）。考虑到社会化媒体的互动性，我们将社会化媒体参与定义为企业与消费者之间的互动活动，包括发布内容和管理内容。研究表明，社会化媒体参与正向显著影响企业绩效（Li 等，2013）。企业在品牌社区上发布的微博数量是企业社会化媒体参与的重要衡量指标。一方面，企业发布的博文数越多，品牌和企业的曝光率越高（Liu，2006；Rui 等，2013）。也就是说，企业发布的博文数能够促进消费者知晓，从而促进企业销售收入。另一方面，企业通过发布博文与消费者互动，可以吸引更多的消费者参与品牌社区。消费者参与对增强企业和消费者之间的关系、消费者利润率有正向影响（Rishika 等，2013），可以进一步促进企业销售收入。

基于此，我们提出如下假设。

H1a：企业品牌社区发布的博文数正向影响企业销售收入。

其次，当消费者对某一产品或服务、品牌或企业感兴趣时，他们往往会关注企业品牌社区。通过关注企业品牌社区，消费者可以实时接收企业发布的产品或服务信息，评论转发企业发布的信息，与企业互动，增强企业和消费者之间的关系。此外，品牌社区内的消费者通常具有相同的兴趣，他们可以与品牌社区内的其他消费者互动，从而增加消费者归属感。当企业与消费者之间的关系紧密，其他消费者不断强化这种关系时，则消费者更有可能做出购买决策（Rishika 等，2013）。企业品牌社区粉丝数越多，企业销售收入越高。

基于此，我们提出如下假设。

H1b：企业品牌社区的粉丝数正向影响企业销售收入。

最后，企业在进行社会化媒体营销时，会利用名人宣传产品或服务，以提高品牌曝光量。社会化媒体平台上的名人与意见领袖相似。意见领袖指拥有大量社交资本，能够影响他人态度和行为的个体。他们可以在短期内将信息传播给大量粉丝，显著影响消费者忠诚度和购买意向（Gode 和 Mayzlin，2004）。

本研究使用品牌社区的名人朋友（有大量粉丝的个体）的数量表示其意见领袖资源。在社会化媒体平台上，意见领袖不仅吸收信息，还借助其自身强大的社交资本传递信息，从而促进消费者知晓。因此，企业品牌社区名人朋友数越多，影响消费者购买意愿的意见领袖越多，企业销售收入就会越高。

基于此，我们提出如下假设。

H1（c）：企业品牌社区名人朋友数正向影响企业销售收入。

二、社会化媒体营销投入对社交互动的影响

社会化媒体平台上存在 4 类主要的社交互动：分享、表达、交流和游戏（Peters 等，2013）。消费者接收、点赞、评论和分享品牌社区的内容，这是典型的社交互动行为。消费者的点赞、评论与分享行为反映了品牌博文的受欢迎程度和消费者参与强度（De Vries 等，2012）。个体消费者发布的口碑是消费者表达行为，是另外一种形式的社交互动。我们将分别分析企业社会化媒体营销对品牌社区官方微博上的消费者互动（以下简称微博互动）和全微博平台个人口碑的影响。

Granovetter（1973）提出，衡量关系强度的重要指标包括维系关系所投入的时间和努力。消费者通过分享和表达与企业和其他消费者互动，与简单的关注关系相比，投入了更多的时间和精力。微博互动

越多，表示其与企业的关系强度越高。企业发布的博文数量、粉丝数量、名人数量和博文内容特征都对微博互动有显著影响（De Vries 等，2012）。这里我们主要关注前三项，将内容特征作为控制变量。企业社会化媒体营销投入越大，企业和消费者之间的情感联系越紧密，从而促进微博互动（Li 等，2013）。

基于此，我们提出如下假设。

H2a（1）：企业发布的博文数对微博互动有正向影响。

H2b（1）：企业粉丝数量对微博互动有正向影响。

H2c（1）：企业名人朋友数对微博互动有正向影响。

当消费者熟知某一产品或服务时，存在更高的动机发布口碑（Mangold 和 Faulds，2009）。企业在社会化媒体平台上发布的博文为消费者提供了产品和品牌信息，增进了消费者对产品或服务的了解。企业发布的博文数量反映了企业所提供信息的强度。企业发布的博文越多，提供的信息越多，消费者对产品认知程度越高，发布口碑的动机就越强。Mazzarol 等（2007）通过研究也发现，企业提供的信息，如促销类信息，会显著影响消费者个人口碑。

基于此，我们提出如下假设。

H2a（2）：企业发布的博文数正向影响全微博平台个人口碑数量。

当企业在品牌社区上发布更多的博文时，消费者就能够获知更多的信息，从而降低不确定性，增强控制感。品牌社区的粉丝人数表示与特定消费者兴趣相似的人数，粉丝数量越多，消费者的社会关系感越强。消费者的控制感和社会关系增加时，就会感受到社会支持，消费者感知到社会支持时，就更有可能发布口碑（Adelman 和 Ahuvia，1995）。

基于此，我们提出如下假设。

H2b（2）：企业品牌社区粉丝数正向影响全微博平台个人口碑数量。

研究表明，由企业主导的信息传播会积极影响个人口碑（Keller和Fay，2009）。根据二级传播理论（Katz和Lazasfeld，1966），企业将信息传递给意见领袖，意见领袖将信息传递给大量人群，能够有效提高大众传播的力量。在这一过程中，意见领袖的数量越多，信息传递给大量人群的可能性越高，个人发布口碑的数量也就越多。

基于此，我们提出如下假设。

H2c（2）：企业品牌社区名人朋友数正向影响全微博平台个人口碑数量。

三、社交互动对销售收入的影响

企业信息通过社交互动广泛传播。一方面，当潜在消费者接收到企业信息后，知晓效应会进一步增加。这些消费者再进一步将信息传播给其余消费者，信息呈几何形式传播，从而带来了涟漪效应（Gremler和Brown，1999）。另一方面，信息流理论表明消费者容易受到他人影响（Anderson和Holt，1979）。当消费者做出购买决策时，他们往往可以观察到他人的决策行为及互动行为，模仿已有的成熟模式，做出相同的购买决策。因此，当社交互动较高时，更多的消费者将会产生购买行为，从而使企业的销售收入增加。

基于此，我们提出如下假设。

H3：社交互动正向影响企业的销售收入。

四、社交互动的中介效应

根据 AISAS 模型，消费者购买行为是社交互动的最终目标。企业社会化媒体活动是促进社交互动的重要因素。社交互动是信息传播的必然后果，同时也是消费者购买行为的重要前因变量。根据信息流理论，消费者是通过获取企业社会化媒体信息，进一步传播和分享信息，并逐步被信息说服，从而产生购买行为。由此，我们可推导出社交互动在企业社会化媒体营销活动与销售收入之间所起的作用。其具体逻辑是：消费者根据收集到的信息做出购买决策，微博互动和全微博平台个人口碑是重要的信息来源，消费者收集到的信息越多，不确定性越低，购买意愿越强，因此，企业销售收入越高。在此过程中，企业官方微博发布的信息能够有效促使更多的消费者知晓企业和产品，促进社交互动。

基于此，我们提出如下假设。

H4：社交互动在企业社会化媒体营销活动和销售收入之间起中介作用。

综上所述，本章的理论模型如图 6-1 所示。

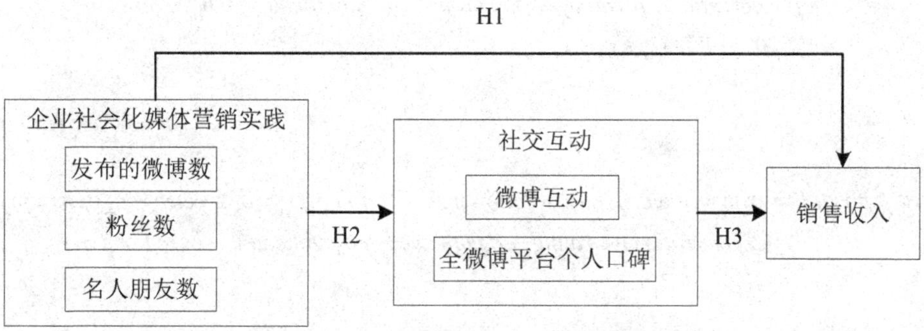

图 6-1　社会化媒体营销效果产生机制的理论模型

第三节　模型设定与数据来源

一、模型设定

模型因变量为企业销售收入，自变量包括企业发布的博文数、官方微博粉丝数、名人朋友数、企业基本特征和博文内容特征。中介变量为社交互动，根据社交互动的渠道，我们将其分为微博互动和全微博平台个人口碑。基于上节提出的理论模型，我们的实证模型设定如下。

$$\begin{aligned}\ln sales_{it} = {} & \alpha_1 \ln weibonum_{it} + \alpha_2 \ln follower_{it} + \alpha_3 \ln follower_{it}^{\ 2} + \alpha_4 \ln celeb_{it} + \alpha_5 \ln topicratio_{it} \\ & + \alpha_6 \ln referratio_{it} + \alpha_7 rating_{it} + \alpha_8 continued_{it} + \alpha_9 duplicated_{it} + \alpha_{10} region_{it} + \varepsilon_{it} + u_i\end{aligned} \tag{6-1}$$

$$\begin{aligned}SI\_CE_{it} = {} & \beta_1 \ln weibonum_{it} + \beta_2 \ln follower_{it} + \beta_3 \ln follower_{it}^{\ 2} + \beta_4 \ln celeb_i + \beta_5 topicratio_{it} \\ & + \beta_6 referratio_{it} + \beta_7 rating_i + \beta_8 continued_i + \beta_9 duplicated_i + \beta_{10} region_i \\ & + \beta_{11} SI\_pWOM_{it} + \eta_{it} + \nu_i\end{aligned} \tag{6-2}$$

$$\begin{aligned}SI\_pWOM_{it} = {} & \delta_1 \ln weibonum_{it} + \delta_2 \ln follower_{it} + \delta_3 \ln follower_{it}^{\ 2} + \delta_4 \ln celeb_i + \delta_5 topicratio_{it} \\ & + \delta_6 referratio_{it} + \delta_7 rating_i + \delta_8 continued_i + \delta_9 duplicated_i + \delta_{10} region_i \\ & + \delta_{11} SI\_CE_{it} + \sigma_{it} + \pi_i\end{aligned} \tag{6-3}$$

$$\ln sales_{it} = \chi_1 SI\_CE_{it} + \chi_2 SI\_pWOM_{it} + \chi_3 \ln weibonum_{it} + \chi_4 \ln follower_{it} + \chi_5 \ln follower_{it}^2 + \chi_6 \ln celeb_i + \chi_7 topicratio_{it} + \chi_8 referratio_{it} + \chi_9 rating_i + \chi_{10} continued_i + \chi_{11} duplicated_i + \chi_{12} region_i + \theta_{it} + \omega_i \quad (6\text{–}4)$$

本章将利用上述4个模型检验企业社会化媒体营销策略的效果以及社会互动的中介作用。模型因变量 $\ln sales_{it}$ 表示电影 i 在第 t 周的票房收入；社交互动的两个方面，微博互动 SI_CE_{it} 和全平台个人口碑 SI_pWOM_{it}，分别为模型（6–2）与（6–3）的因变量，以及模型（6–4）的中介变量。微博互动指消费者在企业官方微博页面上的参与行为，包括消费者点赞、评论及转发等互动行为。考虑到消费者点赞数、评论数及转发数高度相关，所以我们进行了探索性因子分析。因子分析采用主成分因子提取法，并对因子负荷进行正交方差极大旋转。碎石图及特征值表明一个因子是较为合适的。因此，我们用第一个因子得分衡量消费者参与 SI_CE_{it}。SI_pWOM_{it} 表示第 t 周微博平台上个人用户发布的提及电影 i 的博文总数。

模型的关键自变量包括：$\ln weibonum_{it}$，表示在电影 i 上映期间，其官方微博在第 t 周发布的博文总数；$\ln follower_{it}$，表示在电影 i 上映期间，其官方微博在第 t 周的粉丝数；$\ln follower^2_{it}$，表示电影 i 在上映期间，其官方微博在第 t 周的粉丝数的平方；$\ln celeb_i$，表示电影 i 的官方微博的名人朋友数。我们同时在模型中包含了一系列控制变量，主要分为电影特征及博文内容特征两类。电影特征包括电影评分（$rating_i$），电影是否为续集（$continued_i$）或翻拍（$duplicated_i$），电影产地（$region_i$，这里我们将电影分为国产电影及进口电影）。官方微博发布的博文内容特征包括电影 i 上映期间，第 t 周发布的博文中包含话题符号（“##”）的博文比例（$topicratio_{it}$），包含互动内容

（“@”）的博文比例（$referratio_{it}$）。

为估计以上模型的系数，我们使用 Hausman-Taylor 方法估计模型（6-1）至（6-4）的系数。Hausman-Taylor 方法适用于估计面板数据随机效应模型，即部分协变量与未观察到的随机效应相关。Hausman-Taylor 模型能够有效控制内生性，消除其余不随时间变化的变量的影响。除此之外，Hausman-Taylor 模型能够估计随时间不变的变量的系数值。在我们的模型设定中，电影官方微博名人朋友数（$lnceleb_i$）和电影特征变量（包括 $rating_i$、$continued_i$、$duplicated_i$ 和 $region_i$）均不随时间改变。这里，我们认为 $\ln follower_{it}$ 为内生变量。

为检验社交互动的中介作用，我们这里依照 Zhao 等（2010）总结的中介效应检验程序，使用了 Preacher 和 Hayes（2004、2008）提出的 Bootstrap 方法进行了中介检验。Zhao 等（2010）提出的中介效应检验程序近年来被国内外学者们广泛参照，在心理学、消费者行为学等领域的顶级学术期刊上有较多的引用。相比于传统的检验中介效应的因果模型（Baron 和 Kenny，1986）和 Sobel 检验（Sobel，1986），Bootstrap 方法对系数乘积的分布不做假设，无须先验分析，能够推广到两个及以上中介变量的情况；Zhao 等（2010）的检验程序考虑了多条中介路径的情况（见图 6-2），对中介效应的检验分析更加深入。

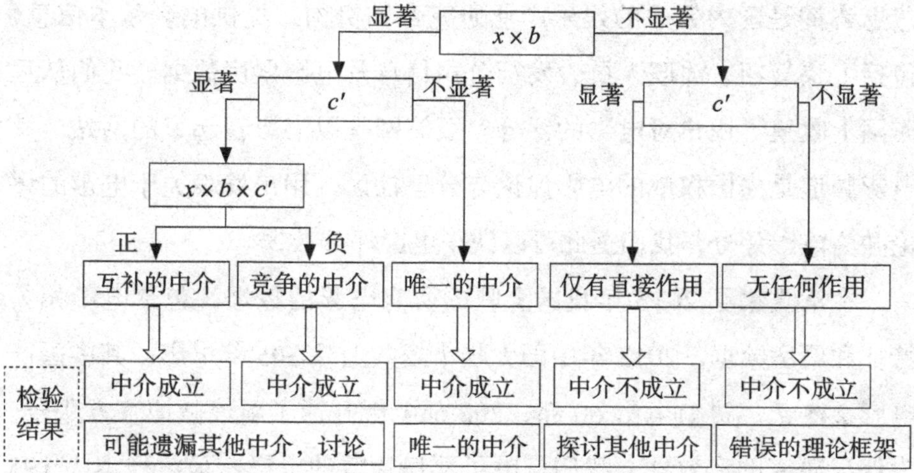

注：本图参考了 Zhao 等（2010）的研究。

图 6-2 中介效应检验程序

二、数据来源

本章的数据来源于新浪微博、艺恩咨询以及豆瓣网的电影频道。我们从新浪微博收集了电影官方微博的基本特征、所有博文以及每条博文的特征。选择新浪微博及电影官方微博作为微博数据来源的原因为：第一，新浪微博是国内领先的社交网络平台，具有较强的代表性；第二，电影官方微博账号由企业开通，官方微博账号作为企业账号的一类，在新浪微博上十分活跃，新浪微博庞大的用户群体为电影官方微博营销提供了用户基础；第三，电影上映期间，其官方微博账号仅推广该特定电影，能够有效消除不相关因素的影响；第四，电影为生命周期相对短暂的产品，我们能够观察到电影从上映到下架所有的官方微博数据及对应的销售收入数据。

此外，我们从艺恩咨询收集了电影票房以及电影基本特征信息。

艺恩咨询是国内领先的娱乐产业研究咨询机构，提供电影基本信息，包括上映日期、演职人员、发行公司信息及电影票房数据。我们从豆瓣网上收集了用户对电影的评分。豆瓣网是以书影音起家的网站，其电影频道是中国权威的电影评论与分享社区，用户发表关于电影的评论并为电影评分，我们据此可以获得电影评分数据。

本章收集了 2013 年我国上映的所有电影的数据，包括电影相关特征和票房数据。2013 年中国大陆市场共上映 305 部电影，其中国产电影 245 部、进口电影 60 部，202 部电影开通了新浪微博官方账号。为保证研究的有效性，我们剔除了票房为零的电影，最终样本为 195 部电影。我们将这 195 部电影的描述性统计信息与总体进行比较，未发现显著差异。

对于最终样本的每一部电影，我们都收集了以下相关数据。

1. 电影官方微博数据

包括官方微博发布的所有博文，每条博文发布的时间、获得的评论数、转发数、点赞数、博文的文本特征（是否是话题型微博、是否为互动型微博），以及官方微博的注册时间、粉丝数和名人朋友数。我们选取电影官方微博的双向朋友（与官方微博相互关注的用户）中粉丝数超过 50 万的用户为名人。为保证结果的稳健性，我们也设定粉丝数 10 万、20 万、30 万、40 万的用户作为名人进行分析，结果基本一致。

基于以上社会化媒体营销数据，我们统计了电影上映期间电影官方微博每周发布的博文数，其对应的点赞数、评论数和转发数，并分析了每条博文的文本特征（包括是否为话题型博文、互动型博文）。由于微博数据获取限制，我们无法获取粉丝数的历史数据，为解决该问题，我们应用数据插补算法补充了缺失数据。

2. 全微博平台个人口碑

我们基于新浪微博提供的搜索功能，使用电影名称和“电影”作为关键字，统计电影上映期间每周提及该电影的微博博文数目，来衡量全微博平台个人口碑。例如，在收集与电影《致青春》相关的全微博平台个人口碑数量时，我们使用关键字“致青春 电影”进行搜索，设定博文发布起止时间，过滤掉时间不在范围内的微博和非原创微博，剩余的微博博文数即为全微博平台个人口碑数。

3. 电影票房数据

根据电影前期票房、院线档期、口碑等情况，不同电影上映天数不同。艺恩咨询提供了电影上映至下映这一时间段内的每周票房数据。我们收集了电影上映时间、上映天数及每周票房数据。

4. 其他控制变量

由于本研究的样本包含不同类型的电影，因此我们收集了多个电影特征变量来控制潜在异质性的影响。为控制电影发行地区对电影票房的影响，我们根据《进口影片管理办法》对影片进行分类，将国外以及港澳台地区进口发行的影片作为进口电影，其他影片作为国产电影。与新电影不同，续集翻拍类的电影已经拥有一批忠实的观众，需要控制这一变量可能对销量产生的影响，为此我们收集了电影是否为续集或翻拍的信息。同时，考虑到电影评分对票房可能产生的影响，我们又从豆瓣网收集了用户对电影的平均星级评分。

数据的描述性统计特征，如表 6-1 所示。

表 6–1　数据描述性统计特征

变量	描述	均值	标准差	最小值	最大值
$\ln sales_{it}$	电影 i 第 t 周票房收入（取对数）	5.552	2.228	0.000	10.970
SI_CE_{it}	电影 i 第 t 周官方微博互动	–0.126	1.030	–1.607	2.241
SI_pWOM_{it}	电影 i 第 t 周全平台个人口碑	8.842	3.480	0.000	16.060
ln *weibonumit*	电影 i 第 t 周官方微博发布的博文数（取对数）	2.862	1.896	0.000	6.597
$\ln follower_{it}$	电影 i 第 t 周官方微博粉丝数	8.925	2.816	0.000	13.930
$\ln celeb_{i}$	电影 i 官方微博名人朋友数	4.745	1.101	0.000	6.920
$topicratio_{it}$	电影 i 第 t 周发布的博文中包含话题符号（“##”）的博文比例	0.381	0.374	0.000	1.000
$referratio_{it}$	电影 i 第 t 周发布的博文中包含互动符号（“@”）的博文比例	0.200	0.227	0.000	1.000
$rating_{i}$	电影 i 评分	5.404	1.615	2.300	8.900
$continued_{i}$	电影 i 是否为续集	0.124	0.330	0.000	1.000
$duplicated_{i}$	电影 i 是否是翻拍	0.047	0.212	0.000	1.000
$region_{i}$	电影 i 来源，1 表示进口电影，0 表示国产电影	0.273	0.446	0.000	1.000

三、数据补齐

为解决粉丝数据缺失问题，我们采取模型拟合的方式进行了数据补齐。第一，2016 年 2 月 20 日至 2016 年 3 月 18 日期间，我们重新收集了另外的38部电影（包括30部国产电影、8部进口电影，与我们研究样本中的195部电影完全不同）官方微博每天的粉丝数。第二，基于以上收集的时间序列数据，我们利用Gompertz模型和Logistic模型拟合了粉丝增长趋势，并比较了两个模型的性能。其中Gompertz模型拟合准确率更高，因此，我们将使用Gompertz模型补齐原有的195部电影的每周粉丝数。第三，尽管电影上映时间不同，但我们假设电影官方微博粉丝数增长过程相似，基于第二步估计得到的Gompertz模型的系数值和现有数据，我们对研究样本中的195部电影官方微博每周粉丝数进行了拟合，然后运用拟合数据做了中介效应分析。

我们在分析电影官方微博粉丝数量变化趋势时发现，在电影上映前期，电影刚刚开通官方微博，官方微博发布的博文数目较少，消费者尚未知晓官方微博，因此官方微博的粉丝数比较少，粉丝数量的增长比较缓慢；随着电影上映，官方微博发布博文的频率增高，促进了消费者互动，越来越多的消费者知晓并关注了电影官方微博，电影官方微博粉丝数量的增长速度逐渐加快；在电影上映后期，电影宣传期逐渐结束，官方微博发布博文的频率降低，观影市场逐渐饱和，尽管消费者还会关注电影官方微博，但增长速度会逐渐减缓。同时，考虑到我们仅研究电影上映期间粉丝数的增长趋势，因此限制了粉丝数的无限增长。这种粉丝数量的变化趋势及增长速度是一种典型的“S”形曲线，满足Gompertz增长模型及Logistic增长模型的应用条件。下面，我们将详细讨论这两种模型并对模型性能进行比较。

1. Gompertz 模型

若时间序列数据的增长速度在开始和结束时较为缓慢，中间增长速度较快时，我们可以考虑使用 Gompertz 模型进行拟合。Gompertz 模型是 Logistic 模型的一种特殊形式，可用来预测电话用户增长、人口增长和谣言传播等。Gompertz 模型的基本形式如下。

$$y_{it} = m_i e^{-e^{-(a+bt)}} + \varepsilon_{it} \tag{6-5}$$

其中，y_{it}表示电影 i 第 t 天的粉丝数目；b 表示增长速率，我们假设每部电影官方微博粉丝数的增长速率相同；m_i 表示电影 i 官方微博可能的最大粉丝数，即饱和值；ε_{it}为误差项。模型（6–5）的线性形式如下所示。

$$\ln y_{it} - \ln y_{it-1} = (1-e^{-b})\ln m_i - (1-e^{-b})\ln y_{it-1} + \mu_{it} \tag{6-6}$$

模型（6–6）的因变量为$\ln y_{it} - \ln y_{it-1}$，自变量为$\ln y_{it-1}$。考虑到电影异质性，我们采用最小二乘虚拟变量（Least Square Dummy Variable Model，LSDV）来估计上述模型。

2. Logistic 模型

Logistic 模型常用来描述创新的扩散过程（Mennis，2003；Grubler，1990）。Logistic 模型的形式如下。

$$y_{it} = \frac{m_i}{1+e^{a-bt}} + e_{it} \tag{6-7}$$

其中，y_{it}、m_i和 b 与模型（6–5）中的参数含义相同。模型（6–7）的线性形式如下所示。

$$\frac{1}{y_{it}} = \frac{1}{m_i}\left(1-\frac{1}{e^b}\right) + \frac{1}{e^b}\frac{1}{y_{it-1}} + \lambda_{it} \tag{6-8}$$

以上模型的因变量为 $1/y_{it}$，自变量为 $1/y_{it-1}$。考虑到电影异质性，我们同样采用最小二乘虚拟变量来估计模型（6–8）。

3. 模型比较

基于 38 部电影的每日粉丝变化数据，我们估计了模型（6-7）和（6-8）。如表 6-2 所示，分别列出了这两个模型的系数、残差和（Residual Sum of Squares，RSS）和均方根误差（Root Mean Square Error，RMSE）。Gompertz 模型的残差和远小于 Logistic 模型，表明 Gompertz 模型性能较好。

因此，我们使用 Gompertz 模型拟合原有的 195 部电影的每日粉丝数，将周日粉丝数作为每周的粉丝数。

表 6-2　Gompertz 和 Logistic 模型系数、残差和、均方根误差

	Gompertz	Logistic
增长率 b	0.12	0.17
残差和 RSS	2.91e+12	3.43e+16
均方根误差 RMSE	52296.87	5677749.70

第四节　实证结果

一、中介效应分析

本节将报告公式（6-1）至（6-4）的结果，分别列于表 6-3 至表 6-6 中。企业社会化媒体营销对票房收入的直接效果如表 6-3 所示，

我们在每一列分别呈现了全样本、国产电影及进口电影的结果。首先对全样本进行分析，ln *weibonum* 的系数显著为正（0.770，1% 的显著性），表明官方微博在电影上映期间发布的博文数越多，电影票房越高。ln *follower* 的系数显著为正（0.258，1% 的显著性），ln $follower^2$ 的系数显著为负（–0.035，1% 的显著性），表明官方微博粉丝数与电影票房呈倒“U”形关系，当粉丝数量过多时，对电影票房反而有负向影响。电影官方微博名人朋友数 ln*celeb* 系数显著为正（0.472，1% 的显著性），这表明在中国环境下，名人营销对于企业销量具有积极影响。假设 H1a 和 H1c 成立。

国产电影样本分析结果与全样本基本一致。对于进口电影，ln *weibonum* 的系数显著为正（0.878，1% 的显著性），而 ln *follower*、ln $follower^2$ 和 ln *celeb* 的系数方向与全样本一致，但是系数值不显著，表明进口电影官方微博发布的博文数越多，电影票房越高，电影官方微博粉丝数及名人朋友数对电影票房无显著影响。

表 6–3 企业社会化媒体营销对电影票房的直接效果

变量	全样本		国产电影		进口电影	
	系数	标准差	系数	标准差	系数	标准差
ln *weibonum*	0.770***	0.032	0.723***	0.038	0.878***	0.058
ln *follower*	0.258***	0.075	0.254***	0.080	0.041	0.252
ln $follower^2$	–0.035***	0.007	–0.035***	0.007	–0.022	–0.007
ln *celeb*	0.472***	0.154	0.533***	0.181	0.337	0.308
topicratio	–0.218	0.186	–0.095	0.224	–0.535	0.340
referratio	–0.084	0.218	–0.060	0.248	–0.026	0.475
rating	0.542***	0.106	0.496***	0.013	0.818**	0.334

续表

变量	全样本		国产电影		进口电影	
	系数	标准差	系数	标准差	系数	标准差
continued	1.226***	0.443	1.212*	0.627	1.341**	0.633
duplicated	1.050	0.738	1.173	0.806	1.095	1.814
region	0.266	0.354				
intercept	–1.604	1.030	–1.516	1.132	–2.054	2.008
N	707		506		201	

注：*** 表示 $p < 0.01$；** 表示 $p < 0.05$；* 表示 $p < 0.1$。

表 6–4 报告了企业社会化媒体营销对微博互动的影响。对全样本和两个子样本分别分析后我们发现，企业官方微博发布博文的数量对微博互动有显著正向影响（0.402，1% 的显著性）。官方微博粉丝数及官方微博名人朋友数对微博互动影响不显著。此外，博文内容特征显著影响微博互动。若博文内容涉及具体话题，或提及了某个个体，则更容易吸引消费者注意，从而促进微博互动。假设 H2a（1）成立。

表 6–4　社会化媒体营销对微博互动的影响

变量	全样本		国产电影		进口电影	
	系数	标准差	系数	标准差	系数	标准差
ln *weibonum*	0.402***	0.010	0.397***	0.012	0.413***	0.020
ln *follower*	0.021	0.021	0.015	0.022	0.013	0.072
ln $follower^2$	–0.002	0.002	–0.001	0.002	–0.003	0.006
ln *celeb*	–0.036	0.036	–0.032	0.044	–0.011	0.068
topicratio	0.285***	0.051	0.312***	0.060	0.232**	0.096

续表

变量	全样本		国产电影		进口电影	
	系数	标准差	系数	标准差	系数	标准差
referratio	0.261***	0.060	0.227***	0.068	0.390***	0.136
rating	0.051**	0.025	0.049	0.028	0.051	0.072
continued	0.083	0.107	−0.001	0.156	0.186	0.149
duplicated	0.608***	0.179	0.690**	0.286	−0.016	0.428
SI_pWOM	0.020***	0.006	0.702	0.202	0.017	0.014
region	−0.097	0.085				
intercept	−1.784***	0.240	−1.811***	0.271	−1.786**	0.722
N	707		506		201	

注：*** 表示 $p < 0.01$；** 表示 $p < 0.05$。

表 6-5 报告了企业社会化媒体营销对全微博平台个人口碑的影响。对全样本，ln *weibonum* 的系数显著为正（0.585，1% 的显著性），即企业官方微博发布的博文数显著正向影响全微博平台个人口碑。ln *celeb* 的系数显著为正（0.687，1% 的显著性），表示官方微博名人朋友数可以促进全微博平台个人口碑的产生和传播。官方微博粉丝数对全微博平台个人口碑的影响不显著。假设 H2a（2）和 H2c（2）成立。国产电影的分析结果与全样本基本一致。进口电影的分析则呈现不同的结果，在企业社会化媒体营销投入中，仅官方微博发布博文数 ln *weibonum* 的系数显著为正（0.619，1% 的显著性）。

表 6-5　社会化媒体营销对个人口碑的影响

变量	全样本		国产电影		进口电影	
	系数	标准差	系数	标准差	系数	标准差
ln *weibonum*	0.585***	0.125	0.565***	0.153	0.619***	0.220
ln *follower*	0.038	0.138	0.063	0.151	0.006	0.423
ln $follower^2$	−0.012	0.012	−0.014	0.014	−0.007	0.033
ln *celeb*	0.687***	0.211	0.764***	0.264	0.359	0.331
topicratio	0.303	0.345	0.389	0.427	0.053	0.592
referratio	0.254	0.411	0.514	0.477	−0.993	0.849
rating	0.882***	0.153	0.875***	0.176	0.686**	0.346
continued	−0.245	0.633	−0.762	0.961	0.235	0.705
duplicated	2.214**	1.068	2.556**	1.261	0.242	2.025
SI_CE	0.580**	0.265	0.659**	0.325	0.437	0.456
region	−0.064	0.509				
intercept	−0.656	1.597	−1.0418	1.892	2.010	3.716
N	707		506		201	

注：*** 表示 $p < 0.01$；** 表示 $p < 0.05$。

社交互动对票房影响的分析结果如表 6-6 所示。对全样本进行分析，微博互动（*SI_CE*）的系数显著为正（0447，1% 的显著性），全微博平台个人口碑（*SI_pWOM*）的系数显著为正（0206，1% 的显著性），表明社交互动显著影响电影票房。假设 H3 成立。此外，电影官方微博发布的博文数 ln *weibonum* 的系数显著为正（0.403，1% 的显著性），电影官方微博粉丝数一次项 ln *follower* 的系数显著为正（0.227，1% 的显著性），二次项 ln $follower^2$ 的系数显著为负

（–0.031，1% 的显著性），电影官方微博名人朋友数 ln *celeb* 的系数不显著。对于国产电影，我们可以得到一致的结论。对于进口电影，全微博平台个人口碑（*SI_pWOM*）的系数显著为正（0.269，1% 的显著性），而微博互动的系数不显著。具体到企业的社会化媒体营销投入，仅企业官方微博发布的博文数 ln *weibonum*（0.524，1% 的显著性）显著影响电影票房收入。

表 6–6　社交互动对电影票房的影响分析

变量	全样本		国产电影		进口电影	
	系数	标准差	系数	标准差	系数	标准差
SI_pWOM	0.206***	0.019	0.195***	0.023	0.269***	0.037
SI_CE	0.447***	0.131	0.485**	0.157	0.307	0.229
ln *weibonum*	0.403***	0.062	0.346***	0.074	0.524***	0.113
ln *follower*	0.227***	0.052	0.227***	0.073	0.001	0.213
ln $follower^2$	–0.031***	0.006	–0.032***	0.007	–0.015	0.017
ln *celeb*	0.173	0112	0.191	0.127	0.127	0.245
topicratio	–0.412**	0.171	–0.349*	0.207	–0.608**	0.297
referratio	–0.309	0.201	–0.322	0.230	0.139	0.422
rating	0.221***	0.083	0.183**	0.087	0.476*	0.259
continued	1.309***	0.305	1.500***	0.490	1.193**	0.546
duplicated	0.294	0.600	0.306	0.646	1.002	1.562
region	0.440	0.284				
intercept	0.944	0.804	1.379	0.881	–0.417	2.598
N	707		506		201	

注：*** 表示 $p < 0.01$；** 表示 $p < 0.05$；* 表示 $p < 0.1$。

下面，我们根据 Zhao 等（2010）提出的中介效应检验程序，运用 Bootstrap 方法，进行中介效应分析。首先，对全样本进行分析（见表 6–7、图 6–3），$\delta_1 \times \chi_2$（ln *weibonum*×*SI_pWOM*）和 $\beta_1 \times \chi_2$（ln *weibonum*×*SI_CE*）系数显著不为 0，模型（6–4）中 ln *weibonum* 的系数显著为正，表明电影官方微博发布的博文数可以通过影响微博互动和全微博平台个人口碑，进而影响电影票房收入，社交互动的中介效应显著。电影官方微博的粉丝数对电影票房仅有直接影响，不通过中介变量发挥作用。$\delta_4 \times \chi_2$（ln *celeb*×*SI_pWOM*）的系数显著不为 0，模型（6–4）中 ln *celeb* 的系数不显著，表明电影官方微博名人朋友数可以通过影响全微博平台个人口碑，进而影响电影票房收入，全微博平台个人口碑是唯一的中介。

表 6–7　全样本社交互动的中介效应分析

变量	全样本		
	系数	置信区间（Bias Corrected）	
		下限	上限
$\delta_1 \times \chi_2$	0.121	0.063	0.185
$\beta_1 \times \chi_1$	0.180	0.050	0.305
$\delta_2 \times \chi_2$	0.008	–0.079	0.076
$\beta_2 \times \chi_1$	0.009	–0.012	0.043
$\delta_3 \times \chi_2$	–0.003	–0.009	0.004
$\beta_3 \times \chi_1$	–0.001	–0.004	0.001
$\delta_4 \times \chi_2$	0.142	0.073	0.242
$\beta_4 \times \chi_1$	–0.016	–0.067	0.006

注：置信区间为 95%，由 Bootstrap 方法计算得出。若置信区间下限与上限符号一致，则表明系数显著。

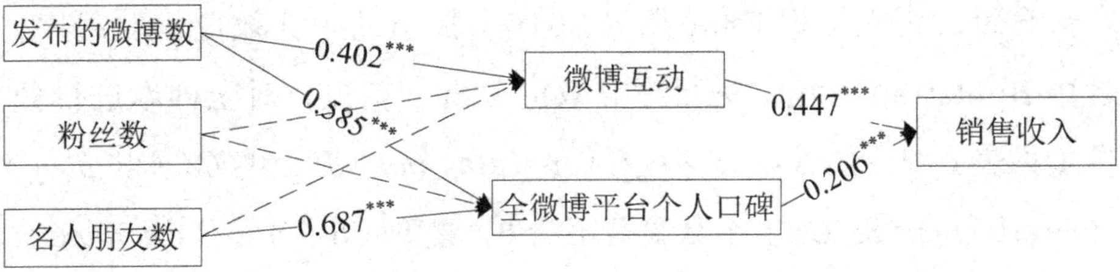

注：（1）图中实线表示支持假设，虚线表示不支持相应假设。

（2）*** 表示 $p < 0.01$。

图 6-3　全样本微博营销效果产生的机制

国产电影中介效应分析结果与全样本基本一致（见表 6-8、图 6-4）。进口电影中介效应分析则呈现不同的结果（见表 6-9、图 6-5），仅 $\delta_1 \times \chi_2$（ln *weibonum*×*SI_pWOM*）的系数显著不为 0，模型（6-4）ln *weibonum* 的系数显著为正，即电影官方微博发布的博文数可以通过影响全微博平台个人口碑，进而影响电影票房。企业的其他社会化媒体营销投入对电影票房收入无任何影响，表明进口电影主要凭借电影本身特征吸引观众，从而提高票房收入。

表 6-8　国产电影社交互动的中介效应分析

变量	国产电影		
	系数	置信区间（Bias Corrected）	
		下限	上限
$\delta_1 \times \chi_2$	0.110	0.048	0.190
$\beta_1 \times \chi_1$	0.192	0.017	0.356
$\delta_2 \times \chi_2$	0.012	–0.074	0.080
$\beta_2 \times \chi_1$	0.007	–0.019	0.045
$\delta_3 \times \chi_2$	–0.003	–0.010	0.003

续表

变量	国产电影		
	系数	置信区间（Bias Corrected）	
		下限	上限
$\beta_3 \times \chi_1$	–0.0005	–0.004	0.002
$\delta_4 \times \chi_2$	0.149	0.073	0.280
$\beta_4 \times \chi_1$	–0.015	–0.085	0.013

注：置信区间为 95%，由 Bootstrap 方法计算得出。若置信区间下限与上限符号一致，则表明系数显著。

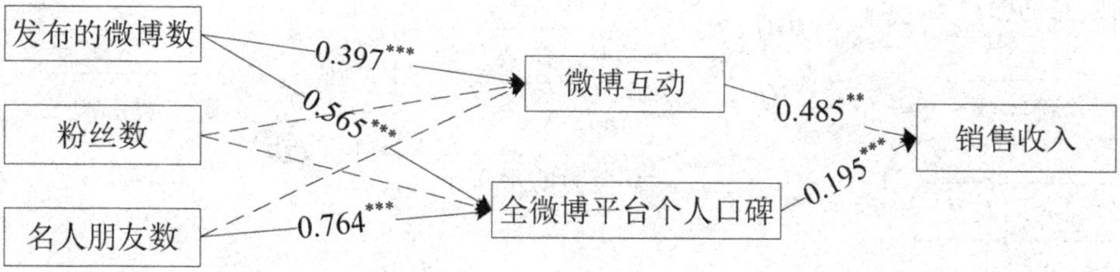

注：（1）图中实线表示支持假设，虚线表示不支持相应假设。

（2）*** 表示 $p < 0.01$；** 表示 $p < 0.05$。

图 6–4　国产电影微博营销效果产生的机制

表 6–9　进口电影社交互动的中介效应分析

变量	国产电影		
	系数	置信区间（Bias Corrected）	
		下限	上限
$\delta_1 \times \chi_2$	0.166	0.034	0.330
$\beta_1 \times \chi_1$	0.127	–0.104	0.352
$\delta_2 \times \chi_2$	0.001	–0.582	1.903
$\beta_2 \times \chi_1$	0.004	–0.269	0.134
$\delta_3 \times \chi_2$	–0.002	–0.099	0.025

续表

变量	国产电影		
	系数	置信区间（Bias Corrected）	
		下限	上限
$\beta_3 \times \chi_1$	–0.001	–0.015	0.010
$\delta_4 \times \chi_2$	0.097	–0.098	0.393
$\beta_4 \times \chi_1$	–0.003	–0.079	0.037

注：置信区间为 95%，由 Bootstrap 方法计算得出。若置信区间下限与上限符号一致，则表明系数显著。

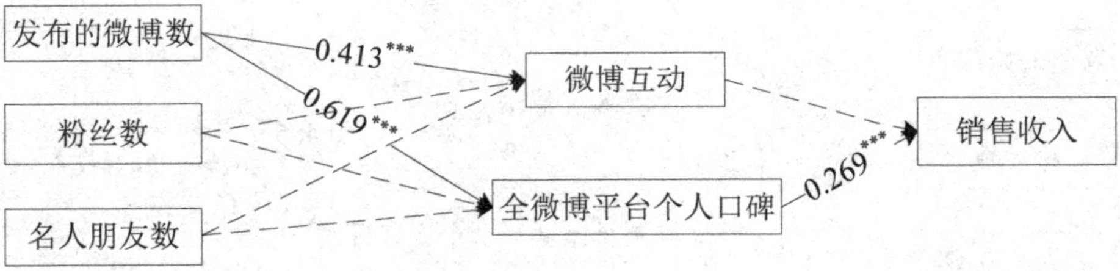

注：（1）图中实线表示支持假设，虚线表示不支持相应假设。

（2）*** 表示 $p < 0.01$。

图 6–5　进口电影微博营销效果产生的机制

二、稳健性分析

为保证结果不受外界因素影响，我们进行了一系列稳健性分析。考虑到 Hausman–Taylor 模型能够控制内生性，消除不随时间改变的变量的影响，我们这里仅考虑随时间改变的变量对结果的影响。首先，我们控制了电影上映期间同期竞争者的影响，采用赫芬达尔 – 赫希曼指数（Herfindahl–Hirschman Index，HHI）来衡量市场竞争程度，但是我们使用的计算方式与传统计算方式略有不同。对电影 i，HHI

计算方法如下所示。

$$HHI=\sum_{\substack{j=1 \\ j\neq i}}^{N}\left(X_j/X\right)^2=\sum_{\substack{j=1 \\ j\neq i}}^{N}S_j^{\,2} \tag{6-9}$$

其中，X 表示当期所有电影票房收入，X_j 为电影 j 的票房收入，S_j 为电影 j 的市场占有率，N 表示当期的电影总数，本公式计算了除电影 i 以外的其余所有电影占当期电影票房收入百分比的平方和。根据我们的计算方式，HHI 的值越大，表示其余电影的市场竞争力越大，电影 i 的市场竞争力越小。我们将 HHI 加入模型（6–1）至（6–4）中，运用 Hausman–Taylor 模型分别对全样本、国产电影和进口电影进行估计，具体结果如表 6–10 至表 6–13 所示。

分析结果表明，企业社会化媒体营销投入的系数方向及显著性基本不变，HHI 的系数值显著为负，表明电影 i 的 HHI 越高，其电影票房收入越少。即电影 i 的市场竞争力越弱，电影票房收入越少，与我们的期望一致。此外，Bootstrap 分析的结果也与以上结果保持一致，表示分析结果具有较高的稳健性。

表 6–10　考虑竞争对手的直接效果分析

变量	全样本		国产电影		进口电影	
	系数	标准差	系数	标准差	系数	标准差
ln *weibonum*	0.755***	0.032	0.714***	0.038	0.851***	0.059
ln *follower*	0.247***	0.074	0.247***	0.079	–0.038	0.251
ln *follower*^{2}	–0.034***	0.007	–0.034***	0.007	–0.014	0.021
ln *celeb*	0.430***	0.140	0.459***	0.164	0.328	0.274
HHI	–1.015***	0.313	–0.875***	0.385	–1.257***	0.547
控制变量	包含		包含		包含	
intercept	–0.943	0.943	–0.736	1.036	–1.547	2.913
N	707		506		201	

注：*** 表示 $p < 0.01$。

表 6-11　考虑竞争对手的社会化媒体营销对微博互动的影响

变量	全样本		国产电影		进口电影	
	系数	标准差	系数	标准差	系数	标准差
ln *weibonum*	0.400***	0.010	0.395***	0.012	0.409***	0.020
ln *follower*	0.020	0.021	0.016	0.022	0.001	0.072
ln $follower^2$	−0.001	0.002	−0.001	0.002	−0.002	0.006
ln *celeb*	−0.014	0.033	−0.004	0.040	−0.013	0.064
HHI	−0.149	0.087	−0.112	0.106	−0.201	0.157
控制变量	包含		包含		包含	
intercept	−1.890***	0.225	−1.951***	0.251	−1.706***	0.682
N	707		506		201	

注：*** 表示 $p < 0.01$。

表 6-12　考虑竞争对手的社会化媒体营销对个人口碑的影响

变量	全样本		国产电影		进口电影	
	系数	标准差	系数	标准差	系数	标准差
ln *weibonum*	0.591***	0.125	0.574***	0.152	0.618***	0.220
ln *follower*	0.044	0.138	0.070	0.150	0.003	0.426
ln $follower^2$	−0.013	0.012	−0.015	0.014	−0.007	0.033
ln *celeb*	0.704***	0.208	0.789***	0.261	0.350	0.326
HHI	0.217	0.594	0.303	0.743	−0.060	0.987
控制变量	包含		包含		包含	
intercept	−0.867	1.588	−1.336	1.882	2.131	3.692
N	707		506		201	

注：*** 表示 $p < 0.01$。

表 6-13　考虑竞争对手的社交互动对电影票房的影响分析

变量	全样本		国产电影		进口电影	
	系数	标准差	系数	标准差	系数	标准差
SI_pWOM	0.207***	0.019	0.195***	0.022	0.270***	0.037
SI_CE	0.430***	0.128	0.497***	0.154	0.251	0.225
ln *weibonum*	0.395***	0.061	0.332***	0.072	0.521***	0.111
ln *follower*	0.213***	0.066	0.212***	0.072	–0.066	0.210
ln $follower^2$	–0.029***	0.006	–0.030***	0.006	–0.009	0.017
ln *celeb*	0.148	0.105	0.150	0.121	0.128	0.222
HHI	–1.092***	0.285	–0.975***	0.353	–1.261***	0.470
控制变量	包含		包含		包含	
intercept	1.467	0.767	1.995***	0.846	–0.106	2.365
N	707		506		201	

注：*** 表示 $p < 0.01$。

其次，考虑到电影上映首周票房至关重要，会影响到电影后续排片等，因此我们将剔除样本首周数据，仅对后续几周数据进行分析，探索电影上映后续周期内社会化媒体营销效果产生机制的差别，结果如表 6–14 至表 6–17 所示。分析结果表明，企业社会化媒体营销投入的系数方向及显著性基本不变，此外，Bootstrap 分析的结果也与模型基本结果保持一致，表示分析结果具有较高的稳健性。

表 6-14　第二周后企业社会化媒体营销对电影票房的直接效果

变量	全样本		国产电影		进口电影	
	系数	标准差	系数	标准差	系数	标准差
ln *weibonum*	0.819***	0.041	0.778***	0.052	0.906***	0.073
ln *follower*	0.297***	0.093	0.301***	0.100	0.106	0.333
ln $follower^2$	−0.037***	0.008	−0.038***	0.009	−0.019	0.029
ln *celeb*	0.284*	0.148	0.325*	0.18	0.160	0.255
HHI	−1.016***	0.423	−0.995*	0.523	−1.115	0.734
控制变量	包含		包含		包含	
intercept	0.288	1.031	0.402	1.171	−0.181	2.664
N	506		355		151	

注：*** 表示 $p < 0.01$；* 表示 $p < 0.1$。

表 6-15　第二周后企业社会化媒体营销对微博互动的影响

变量	全样本		国产电影		进口电影	
	系数	标准差	系数	标准差	系数	标准差
ln *weibonum*	0.375***	0.011	0.366***	0.013	0.382***	0.022
ln *follower*	−0.008	0.022	−0.018	0.022	0.096	0.087
ln $follower^2$	0.009	0.002	0.002	0.002	−0.014*	0.008
ln *celeb*	−0.018	0.034	−0.005	0.043	0.020	0.086
HHI	−0.178*	0.098	−0.166	0.115	−0.075	0.189
控制变量	包含		包含		包含	
intercept	−1.975***	0.233	−2.022***	0.270	−1.816**	0.884
N	506		355		151	

注：*** 表示 $p < 0.01$；** 表示 $p < 0.05$；* 表示 $p < 0.1$。

表 6–16　第二周后企业社会化媒体营销对个人口碑的影响

变量	全样本		国产电影		进口电影	
	系数	标准差	系数	标准差	系数	标准差
ln *weibonum*	0.454***	0.164	0.421**	0.201	0.534*	0.285
ln *follower*	–0.006	0.172	0.030	0.184	0.126	0.569
ln *follower*²	–0.012	0.015	–0.015	0.017	–0.016	0.046
ln *celeb*	0.518**	0.232	0.514*	0.292	0.342	0.378
HHI	0.178	0.783	0.305	0.955	–0.138	1.385
控制变量	包含		包含		包含	
intercept	1.290	1.930	1.358	2.323	2.784	4.281
N	506		355		151	

注：*** 表示 $p < 0.01$；** 表示 $p < 0.05$；* 表示 $p < 0.1$。

表 6–17　第二周后社交互动对电影票房的影响

变量	全样本		国产电影		进口电影	
	系数	标准差	系数	标准差	系数	标准差
SI_pWOM	0.198***	0.023	0.175***	0.028	0.281***	0.040
SI_CE	0.664***	0.183	0.868***	0.230	0.282	0.286
ln *weibonum*	0.389***	0.080	0.282***	0.097	0.579***	0.131
ln *follower*	0.286***	0.085	0.299***	0.093	0.017	0.263
ln *follower*²	–0.033***	0.008	–0.036***	0.008	–0.008	0.022
ln *celeb*	0.100	0.110	0.072	0.130	0.066	0.210
HHI	–1.044***	0.385	–1.101**	0.477	–1.066*	0.618
控制变量	包含		包含		包含	
intercept	2.491***	0.898	3.626***	1.033	–0.286	2.266
N	506		355		151	

注：*** 表示 $p < 0.01$；** 表示 $p < 0.05$；* 表示 $p < 0.1$。

第五节 研究结论

本章中，我们探索了企业微博营销效果产生的机制，检验了社交互动的中介作用，同时探索了不同类型的企业其微博营销效果产生的机制是否不同。基于企业生成内容相关研究、网络口碑相关研究及社交互动相关理论，我们选取电影行业为研究对象，收集了2013年上映的电影官方微博活动数据和电影票房数据，采用中介效应分析方法研究了企业微博营销效果产生的机制。研究发现，企业微博营销活动显著正向影响企业销售收入。总体来说，企业品牌社区发布的微博数通过影响官方微博与消费者互动和全微博平台个人口碑，显著影响企业销售收入，企业名人朋友数通过影响全微博平台个人口碑，显著影响企业销售收入，而企业品牌社区粉丝数仅对销售收入有直接影响，其影响趋势呈倒“U”形，即官方微博粉丝数量适宜时，票房收入最高，但是，当粉丝强度超过一定值时，票房收入则会不断降低。这是因为企业过度关注粉丝数量，盲目投入过多资源吸引大量粉丝，而这些粉丝往往有很多不是企业的潜在消费者，企业在该过程中浪费了过多资源。

具体来说，企业社会化媒体营销对国产电影的影响机制与全部样本一致。而对于进口电影，企业官方微博发布的博文数可以通过影响全微博平台个人口碑，进而影响企业销售收入，其余社会化媒体营销活动对票房收入影响不显著。这表明进口电影主要是凭借自身特征吸引观众，来提高票房收入的。

第七章　社交网络中用户分享企业生成内容的动机研究

目前，已有超过150万个企业和组织建立了自己的品牌社区，通过使用社交网络技术来推广各自的产品和服务。通过上一章的结论我们可知，许多企业都意识到了社交网络平台上用户之间互动的重要作用，期望通过用户行为来帮助企业吸引消费者（Goh等，2013）。由于社交网络用户具有自发地与他人建立联系并对实时事件产生重大影响的动机，因此营销人员应当重视社交联系在网络实践中的构建（Zeng和Wei，2013）。

社交媒体中的信息种类众多，既有时事性信息，如新闻、告示等，也有娱乐性信息，如互动游戏、短视频等，还有商务性信息，如产品广告、公司通告等。不同信息引起的转发结果不同，因此需要分别进行研究。目前用户转发行为的研究大多针对突发性信息或政治信息，对商务信息的转发研究较少（单春玲和赵含宇，2017）。而对企业来说，采取什么样的措施促进生成内容的传播扩散，具有重要的意义。为了探究是哪些动机导致了用户在社交网络分享企业生成内容的行为，更好地帮助营销从业者有效预测和引导这些用户行为，本研究试对影响消费者分享企业生成内容的因素进行探索。通过分析这些因素，将对营销人员制定有效的社交平台营销传播策略提供有益帮助。因此，本章研究重点聚焦于社交媒体中的营销信息，主要探索用户对企业生成内容的转发分享意愿。

相关研究显示，不同的营销信息投放策略会在传播效果上有巨大差异（Hinz 等，2011）。用户转发和评论企业生成内容可以促进信息扩散（Malhotra 等，2012）。因此，用户在社交媒体上分享企业生成内容这一行为对于企业而言具有重要意义，它是企业生成内容得以利用网络进行大范围传播的重要条件。当企业生成的营销信息得到更高的曝光率和传播度时，消费者就会有更大的可能性来获得企业希望传递的品牌和产品信息。此外，相较普通媒体，社交媒体的用户间通常具有更紧密的联系。社交用户乐于倾听其他用户的意见来获取自己对某产品的认知，或改变自己对某品牌的态度，因此，探究影响用户转发信息的因素对于企业有重要意义，值得深入探讨。

第一节　文献回顾与理论背景

本章将从内在动机和外在动机两方面探讨用户分享行为的因素。Ryan 和 Deci（2000）将动机定义为“被驱动去做某事”。Deci（1972）提出的自我决定论认为，自我决定所反映的不仅仅是个体的一种能力，更体现出个体的一种需要。可以说，动机是由于个体的需要而产生的。自我决定论重点研究个体行为在多大程度上依赖于自我决定，考察自我在动机过程中的能动作用，重视个体的主动性与社会情境之间的辩证关系。一般来说，个体对某个行为的执行意愿和动机越强，这项行为发生的可能性就越大。研究动机时，不仅要认识动机的差异，而且要认识不同类型的重要性（Ryan 和 Deci，2000）。他们在此处所提及的“不同类型”，其实指的是根据动机的强弱程度和动机的不同触发方向，将动机进行分类。动机被分为两个类型：内在动机和外在动机。内在动机主要是指执行某项活动的原因是出于内心的愉悦和感兴趣，而外在动机主要是指执行某项活动是为了达到其他的目的，期望额外的收获，例如物质奖励等。

当一项活动具有内在动机时，就不会表现出明显的回报（Deci，1972）。个体参与活动可以获得乐趣，因此，他们这样做是“为自己着想”，而不是为了获得其他回报。该定义被接受为内在动机的操作性定义，其例子包括享受、娱乐和利他性（Deci，1972）。内在动机通常与人格特征有关。大量研究显示，研究人员已经认识到了不同的人格特征在影响线上社交行为中的重要作用，有不少学者将用户人格特征和分享行为建立起联系并进行研究。例如，李晓娥（2015）用大五人格模型理论来作为理论基础，对信息分享行为和信息传播者的人格特征之间的相关度进行了探索。Fishbein 和 Ajzen（2015）也指出传播者和信息的影响情况经常取决于接受者的特征，不同个性特征的接收者会对信息的反应有所不同。另一些研究则直接引入了个人特质来对虚拟开放平台中的信息分享行为进行预测（Jadin 等，2013）。Rioux（2000）在研究中发现，用户分享信息可能是出于四方面的原因：第一，对信息分享者来说，能帮助他人利用信息会使他们获得愉悦的感受；第二，用户感到信息分享的方式很便利；第三，用户对信息本身的内容感兴趣；第四，搜寻到信息之后分享给他人相当于一场有趣的竞赛。而在营销领域，也有学者就 4 种内在动机对转发线上内容的影响进行了研究。这 4 种内在动机分别是：对成为团体一分子的需求；对个人主义的需求；对利他性的需求；对个人成长的需求。这一研究的结果显示，更具有个人主义或更具有利他性的网络用户更愿意转发线上内容（Jason 和 Melanie，2008）。

内在动机仅关注活动本身，而外在动机考虑的则是活动的工具价值（Ryan 和 Deci，2000），聚焦于实现可分离的结果（Deci，1972）。其例子包括正面反馈（Koestner 和 Zuckerman，1987）和经济激励（Deci，1972；Prichard 和 Campbell，1977）等。因此，外在动机是指追求活动本身固有目标以外的目标，将外在动机与内在动机进行比较，可以发现外在动机是在进行内在动机活动时不会寻求的额外的结果。“搜寻信息很有趣”“提高名誉声望”等动机都属于外在动机。

Poch 和 Martin（2015）将前人所研究的动机进行了总结，并按照内在动机与外在动机进行了分类。其中，内在动机包括产品满意/不满意、利他性、产品涉入、报复心理、顾客忠诚，外在动机包括自我提升、消减焦虑、意见搜寻、社会收益、经济激励等。在其他环境中接收到信息时，一般用户分享企业生成内容的原因多与产品满意度、意见搜寻、帮助他人等有关。这对于产品本身属性与用户需求的匹配度要求很高，因而不容易获得广泛而迅速的传播。而在社交媒体中，由于信息转发的操作更简便、互动参与的娱乐性更强、社交本身的情感作用更明显，因此产生了一些只有在社交网络媒体中才能影响用户转发行为的动机。杨学成和兰冰（2014）在研究微博转发动机后发现，寻求社会地位动机、经济追求动机、社会交往动机和娱乐动机都会影响用户的转发意愿和行为。而从大众媒体的角度出发，孙会等人（2012）则发现转发微博的主要动机是个人关系、自我认同、环境监测和娱乐解闷。

对于相同的品牌或产品信息，由于涉入度的差异，用户对于信息的价值判断也会有所不同，进而影响其分享意愿。因此，本研究将产品涉入度视为影响消费者行为的一种重要因素，认为产品涉入度的高低会对用户分享企业生成内容的动机构成影响。

第二节　理论模型

社会交换理论认为在社会互动中人们会衡量双方彼此所付出的代价和获得的收益（罗石，2008）。社交媒体中的信息共享和转发属于社会互动过程，可以理解为是一种资源的交易（单春玲和赵含宇，2017）。

商家为了达到宣传产品和品牌的目的，会在企业生成内容中包含转发可获物质奖励的信息，如转发到朋友圈免费获得一定折扣、转发到微信群获得现金减免等。先前的研究已经证明，可预期的经济激励对用户分享企业生成内容有影响。杨学成和兰冰（2014）发现，经济利益动机是微博转发动机的一个重要组成部分，并且转发动机会影响社交用户的实际转发意愿。因此这项研究旨在为营销人员提供建议，以帮助判断经济激励对用户分享企业生成内容的影响是否显著，是否为积极影响。故选取经济激励作为外在动机，认为其能够对用户分享企业生成内容的意愿产生影响。

研究表明，内在动机是影响线上社交中用户助人行为最重要的因素之一（Chennamanei 等，2012）。而社交用户分享企业生成内容能够促进产品官方信息的扩散，对于需要这些产品信息的人来说，这也可以被视作一种助人行为。在网络口碑传播的相关研究中，已经发现高利他主义会增加用户分享企业生成内容的可能性（Hennig-Thurau

等，2004）；对于网络口碑的二次传播而言，口碑接受者的利他动机起着关键性的作用（陈明亮和章晶晶，2008）。在其他线上分享行为中，李志宏等（2009）发现，自我效能和利他主义对虚拟社区中成员的知识分享意愿存在显著的正向影响；赖胜强（2015）在探索影响用户微博转发的因素时也发现，用户的自我提升动机和利他动机与微博信息分享行为为正相关关系。故我们选取用户的利他性作为内在动机，认为其能够对用户分享企业生成内容的意愿产生影响。

Aaker 和 Keller（1990）指出，涉入度在品牌延伸中有调节作用。国内学者银成钺（2008）指出，在消费者建立起对于品牌形象的认知，并进一步对品牌产生延展性评价的过程中，产品涉入度起到了调节的作用。因此，本研究将产品涉入度作为调节变量，并搭建了如图 7–1 所示的理论模型。

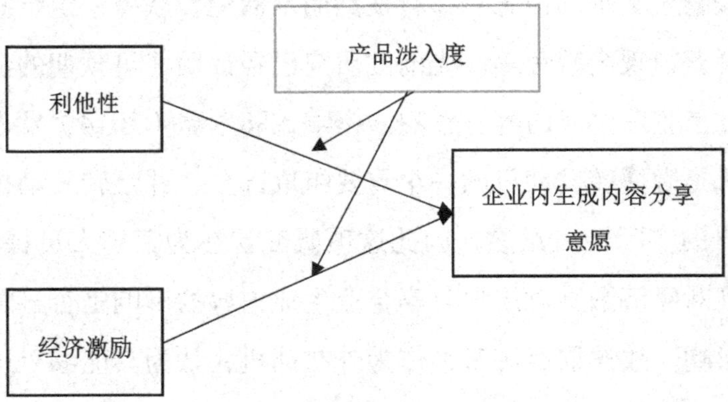

图 7–1　理论模型

一、内在动机对用户分享企业生成内容的直接作用

在分享企业生成内容中，利他主义是指传递产品信息能够满足用户给予他人信息，与他人分享快乐和表达关心、爱和友情的需求。网

络环境中的利他动机既针对消费者个体，也针对某个群体（如社区）和相关企业（柴海燕和郑妮靖，2019）。在以 SNS 为社交平台的研究中，愿意分享有用信息的社交用户被证明可以帮助社群增长知识和维护凝聚力（Bock 等，2005）。在社交平台上分享企业生成内容也是分享有用信息的一种方式。社交用户可以通过转发企业生成的产品或品牌信息，帮助到正在搜索相关知识的其他用户，这是一种利他行为。因此本研究选择了用户的利他性作为所研究的内在动机。

利他主义者被定义为在做出决定时更加重视对他人的影响而不是对自己的影响的个人（Crawford 等，1987；Liebrand，1986）。在口碑传播的相关研究中，利他主义是指消费者分享自己的积极的或消极的经验，以帮助其他消费者做出购买决定（Hennig-Thurau 等，2004），如帮助消费者获得满意的体验和给予他人负面体验的警示（Sundaram 等，1998）。在分享企业生成内容的过程中，用户不同的转发动机共同作用形成了对企业生成内容的转发意愿。根据口碑研究中所发现的结果，较高的利他主义倾向会增加用户分享企业生成内容的可能性。分享企业生成内容也是传递用户对品牌态度的一种表现，利他性高的用户更倾向于主动为他人或社群提供帮助，从而积极转发。

基于此，本研究对社交用户的利他性进行量化，并提出如下假设。

H1：利他性高的用户比利他性低的用户更愿意分享企业生成内容。

二、外在动机对用户分享企业生成内容的直接作用

对于消费者而言，相比其他信息传播途径，在网络环境中进行

口碑传播有一项独特的动机，那就是获得经济上的奖励（黄敏学等，2017）。根据本研究的管理意义，选择了经济激励作为所研究的外在动机。具体到企业生成内容的营销实践中，企业营销人员常常会通过提供外部物质奖励，以鼓励用户分享生产的企业内容。这种奖励通常是通过提供商品折扣或价格抵现实现的，例如分享瑞幸咖啡的产品购买链接可以获得产品优惠券，分享携程旅行网的出行购票链接可以获得旅费减免，等等。

基于此，我们提出如下假设。

H2：经济激励高的企业生成内容比经济激励低的企业生成内容更能促进用户分享意愿。

三、产品涉入度的调节作用

涉入度指的是消费者基于自身的特定需求、价值取向和兴趣所产生的对某一特定事物的重要性感知，是根据消费者对产品的了解程度来讨论消费者的一种主观心理状态（Zaichkowsky，1985）。产品涉入度即指消费者与产品的相关程度，产品涉入度越高，消费者为该产品付出的时间和精力也越多；相反，当消费者感知产品与自身的相关程度越低，则说明其对该产品的涉入程度较低，这一情况下，消费者会倾向于将时间和精力放到其他其关心和在意的事物上去。所以，结合Zaichkowsky对涉入度的界定，本研究认为用户基于自身的特定需求、兴趣爱好、价值取向和生活背景对某一产品重要性的感知，对用户分享产品相关企业生成内容有着重要影响。由于产品涉入度的差异会对个体的分享意愿造成影响（Nadine 等，2018），因此有学者按涉入程度不同将涉入度划分为高产品涉入度和低产品涉入度，研究两种程度间的差异性。

当某一产品对用户来说是高涉入度产品时，用户会更愿意花费时间和精力来了解该产品。对于相同的经济激励或利他性动机，产品涉入度越高，消费者的分享意愿越强烈。

基于此，我们提出如下假设。

H3：产品涉入度在利他性与经济激励对用户分享意愿的影响过程中有正向调节作用。

第三节　研究方法

一、问卷设计

本研究采用情景式问卷调查的方式收集数据，进行两组问卷（产品涉入度：高，低）的随机发放与调查。为操纵产品涉入度，我们进行了问卷前测，用于筛选存在明显涉入度差异的产品。整个过程中缩短前测和正式测试之间的时间，有助于减少历史效应和成熟效应，因为这些效应可能会影响研究的内部有效性（Cavana 等，2001）。

问卷前测参考 Traylor（1981），我们选取日常生活中普遍易见且易于理解的商品品类，列出了 5 种产品类别清单（咖啡饮料、手机、洗发水、营养保健品和时尚服饰）。根据 Zaichkowsky 设计的 RPII 涉入度测量题项，相应搭建了产品涉入度的有关测量题项，并请 20 名用户用 RPII 题项对 5 种产品的涉入度进行打分。根据 Warrington 和

Shim（2000）的方法，按照产品涉入度打分均值进行涉入度区分，划分出高涉入度和低涉入度产品，以此作为调节变量分组依据。

在正式问卷中，我们采用问卷调查法收集用户分享意愿等数据，以进行假设验证。本研究选取典型的社交媒体平台微信和微博为研究对象，此类社交媒体中有大量企业生成内容的转发，包括朋友圈转发、微博转发和私聊对话框内转发等。正式问卷的设计包含 4 个部分：被调查者的基本信息、品牌与产品使用经历、转发行为影响因素（内外在动机）和转发意愿。第一部分为被调查者的基本信息，我们收集了人口统计学中的常用变量，如性别、年龄、月收入、受教育程度等。第二部分为用户品牌或产品使用经历，通过"是""否"选项来判断被调查者此前是否是该品牌或产品的用户。第三部分和第四部分是研究的主要测量变量，研究变量包括产品涉入度、利他性、经济激励和分享意愿。其中第三部分是转发行为影响因素的测量构面，第四部分是转发分享意愿的测量构面。问卷中对于变量的测量，各题项均采用 5 点李克特量表（5 代表"很同意"，1 代表"很不同意"）。

本研究中各构面测量题项的来源如下。

1. 产品涉入度

Zaichkowsky（1985）从某一事物和消费者的兴趣、需要等相关的程度来定义涉入度，并开发出了单维度个人涉入度量表。后来，Zaichkowsky（1994）认为之前的 PII 量表存在一定的缺陷，对 PII 量表进行了修改，将 PII 量表从原来的 20 题精减到 10 题，称为 RPII（Revised Personal Involvement Inventory），如表 7–1 所示。

表 7-1　RPII 量表

序号	描述
1	该产品对我来说很重要
2	该产品对我而言是有趣的
3	该产品和我的生活是紧密相关的
4	当提到该产品，我觉得兴致盎然
5	该产品对我而言是特别有意义的
6	我被该产品所吸引
7	我觉得我对该产品很着迷
8	该产品对我而言是有价值的
9	我想进一步了解该产品
10	我认为我需要该产品

本研究参考此量表，将产品涉入度构面的题项整理成表 7-2，以测量产品涉入度。

表 7-2　产品涉入度量表

构面		题项
产品涉入度（PI）	PI1	该产品和我的生活是紧密相关的
	PI2	该产品对我而言是重要的
	PI3	我被该产品所吸引
	PI4	该产品对我而言是有趣的
	PI5	当提到该产品，我感到颇有兴趣
	PI6	该产品对我而言是特别有意义的
	PI7	我认为我需要该产品
	PI8	我想进一步了解该产品

2. 利他性、经济激励和分享意愿

认知评价理论是自我决定论的一个重要分支，它解释了社会背景对于个体内在动机的影响。张剑和郭德俊（2003）在关于认知评价理论的研究中发现，信息性的事件能够促进个体内在的因果知觉与胜任感，从而提高个体内在动机的水平。因此本研究通过提供信息性文本来触发并考察个体的内在动机。心理学界对利他性的衡量已有成熟的量表。Rushton 等人编制的利他人格自陈量表已经在西方心理学界得到了颇为广泛的应用，本研究参考 Rushton 和郑显亮（2010）编制的网络利他行为量表，设计了利他性量表 7–3。该量表已被应用于测量青少年的网络利他水平，具有良好的信效度。

表 7–3　利他性量表

构面		题项
利他性（AL）	AL1	在网上分享自己的生活体验
	AL2	在社交平台上发表个人意见
	AL3	在网上向他人推荐您认为优质的产品
	AL4	对网络上的提问给予回答
	AL5	在网络上参与话题讨论
	AL6	在网络上发布您认为有用的信息
	AL7	在网络上给予他人关心 / 安慰 / 祝福

Bock（2005）在研究影响组织内成员知识分享的因素时，研究了外在动机中经济激励的作用。根据前人的研究，他将可感知的外在经济回报定义为：用户相信通过知识分享可获得外在刺激的程度。参考此研究，并结合 Hansen 和 Lee（2012）在探索社交游戏用户分享企

业生成内容影响因素时对经济激励的表述，本研究将通过分享企业生成内容获得经济激励解释为：通过按照企业或品牌方指定方式在微信或微博等社交媒体平台上分享企业生成内容，用户能获得经济奖励，并设计了经济激励的衡量量表，如表 7–4 所示。

表 7–4　经济激励量表

构面		题项
经济激励（EI）	EI1	我有机会获得经济回馈
	EI2	我有机会获得一定经济奖励

Bock（2005）将用户分享企业生成内容的意愿定义为：我想我会在社交媒体上转发该信息；我可能会把这则信息在社交媒体上转发给朋友；我会尝试以社交媒体的功能转发这则信息。据此，考虑到本研究的研究平台以微信、微博等社交媒体平台为主，本研究将转发信息的表述进一步具体化，将因变量企业生成内容分享意愿用表 7–5 来衡量。

表 7–5　分享意愿量表

构面		题项
分享意愿（SI）	SI1	我愿意把这条内容分享到微博 / 微信朋友圈 /Twitter 等开放平台上
	SI2	我愿意把这条内容分享到微信 /QQ/Line 等社交平台的私聊中
	SI3	我愿意通过社交媒体的其他功能将信息分享给亲友
	SI4	我愿意把这条内容分享给社交平台上的其他用户

二、数据收集

本研究通过国内专业的在线调查公司问卷星进行在线问卷发放。

通过涉入度前测，发现得分最高的产品是手机，而得分最低的产品是咖啡饮品。据此，将手机和咖啡作为高涉入度产品和低涉入度产品，作为分组依据，制作了除产品外完全相同的两份问卷。问卷以使用智能手机终端的用户为调查对象，于 2020 年 3 月 17 日至 3 月 23 日在问卷星样本库中发放，共回收样本 360 份，剔除答题时间过短或过长、两份问卷 ID 相同等无效问卷后，共得到样本一有效问卷 183 份（有效率达到 95.3%）、样本二有效问卷 163 份（有效率达到 97%）。本模型中共有 4 个预测因子 21 个题项，总样本量大于预测因子数的 15 倍且总样本量超过 200，在统计学意义上，能够进行数据分析。

三、样本特征

本次研究共计回收有效样本数据 346 份，并对有效问卷样本进行了描述性统计分析。两个样本（样本一为手机，样本二为咖啡）的人口学基本信息结果，如表 7–6 所示。

表 7–6　人口统计特征

变量		样本一（N=183）		样本二（N=163）	
		频数	有效百分比（%）	频数	有效百分比（%）
性别	男	56	30.6	41	22.4
	女	127	69.4	122	66.7
年龄（岁）	18 以下	1	0.5	2	1.1
	18 ~ 22	104	56.8	73	39.9
	23 ~ 30	57	31.1	70	38.3
	31 ~ 40	6	3.3	13	7.1
	41 ~ 50	12	6.6	5	2.7
	51 ~ 60	3	1.6	0	0

续表

变量		样本一（N=183）		样本二（N=163）	
		频数	有效百分比（%）	频数	有效百分比（%）
月收入（元）	3000 以下	114	62.3	105	57.4
	3000 ~ 6000	33	18.0	33	18.0
	6000 ~ 9000	23	12.6	18	9.8
	9000 ~ 12000	5	2.7	6	3.3
	12000 以上	8	4.4	1	0.5
受教育程度	高中及以下	7	3.8	6	3.3
	大专	19	10.4	9	4.9
	本科	151	82.5	118	64.5
	硕士	5	2.7	28	15.3
	博士	1	0.5	2	1.1
职业	军人	0	0	1	0.5
	教师	5	2.7	4	2.2
	在校学生	135	73.8	117	63.9
	国家机关、企事业单位负责人	1	0.5	8	4.4
	专业技术人员	7	3.8	5	2.7
	商业、服务业人员	16	8.7	8	4.4
	农、林、牧、渔等产业	1	0.5	2	1.1
	生产人员				
	自由职业	8	4.4	9	4.9
	未被包含的其他从业人员	10	5.5	9	4.9

在被调查者中，男性 97 人，占比 28%；女性 249 人，占比 72%，女性占绝大多数。在年龄分布上，被调查者多为 18 ~ 22 岁的青年，有 177 人，占 51.2%；其次为年龄在 23 ~ 30 岁者，有 127 人，占 36.7%。因此，年龄不超过 30 岁的成年人共计 304 人，占此次调查的绝大多数，达 87.9%。另外，18 岁以下和 51 ~ 60 岁者各有 3 人，总和数仅占样本总数的 1.8%。

在月可支配收入上，3000 元以下的人数最多，达 219 人，占 63.3%，推测与绝大多数被调查者是在校学生无稳定个人收入有关。其次是月收入在 3000 ~ 6000 元者，有 66 人，占 19.1%。月收入在 12000 元上者仅为 9 人，占 2.6%，因此本次调查接触到的高收入群体较少。

在职业方面，本研究中的被调查者以在校学生居多，有 252 人，占 72.8%；其次为商业和服务业人员，有 24 人，占 6.9%。

如前所述，接受调查者多为在校学生且年龄在 18 ~ 23 岁之间，与之相符合的，结果显示，有 269 人目前获得的最高学历（含在读）为本科，占 77.7%。故推测本次调查的接受对象多为在校大学生。

考虑到本问卷研究的是用户在社交网络中分享企业生成内容的动机，故对被调查者的社交网络使用情况和此前是否是该产品或品牌用户进行了调查。

1. 社交网络使用情况

本次研究的调查对象是接触过社交平台上分享品牌生成内容的用户。如表 7–7 所示，在获得的 346 份有效问卷中，日均社交网络使用时间在 2 ~ 3 小时的用户样本数是 77，占比高达样本总数的 22.3%；其次是日均社交网络使用时间在 3 ~ 4 小时的用户，样本数是 69，占据了样本总数的19.9%；使用时间在5小时以上的用户样本数也达到了67，占据了样本总数的19.4%；而日均社交网络使用时间在半小时以下的用户样本数仅为4，只占了样本总数的1.2%。表示有效样本整体的社交网络时间较长，对他们进行社交网络分享行为的研究是有意义的。

表7-7　日均社交网络使用时间

	频数	百分比（%）	有效百分比（%）	累积百分比（%）
半小时以下	4	1.2	1.2	1.2
0.5～1小时	37	10.7	10.7	11.9
1～2小时	62	17.9	17.9	29.8
2～3小时	77	22.3	22.3	52.1
3～4小时	69	19.9	19.9	72
4～5小时	30	8.7	8.7	80.7
5小时以上	67	19.4	19.4	100
合计	346	100	100	100

2. 与产品或品牌关系

被调查的社交用户与品牌或产品的关系如表7-8所示，在346个样本中，此前是相关品牌或产品用户的样本数为188，占了样本总数的54.3%；不是该品牌或产品用户的用户数为158，占样本的45.7%。样本一中，两种情况的用户占比相当，而样本二中，此前是该产品或品牌用户者更多一些，有93人，占比达到57.1%。

表 7–8　此前是否为该产品 / 品牌用户

	样本一		样本二		总样本	
	频数	百分比（%）	频数	百分比（%）	频数	百分比（%）
是	95	51.9	93	57.1	188	54.3
否	88	48.1	70	42.9	158	45.7

四、量表检验

虽然本问卷大部分题项均来自成熟量表，但部分题项根据我们的研究平台和研究情境进行了少量调整。根据 Kolar 等（2010）的建议，为了验证问卷题项能否良好反映所研究的问题，我们首先对所得数据进行信度检验，如表 7–9 所示。根据 Hair 等（1998）的标准，0.70 是可接受的最小信度值，本章量表整体 Cronbach's Alpha 系数值为 0.926，各构面的 Cronbach's Alpha 系数值由表可知均超过 0.7 的标准，具有很好的信度。

表 7–9　可靠性统计量

构面	Cronbach's Alpha	基于标准化项的 Cronbach's Alpha	项数
产品涉入度	0.932	0.932	8
经济激励	0.878	0.88	2
分享意愿	0.85	0.85	4
利他性	0.902	0.902	7
总计	0.926	0.926	21

如表 7–10 所示，在 4 个构面中，产品涉入度（PI）包含 8 个题项，经济激励（EI）包含 2 个题项，分享意愿（SI）包含 4 个题项，利他性（AL）包含 7 个题项。各个构面内，题项的多相关性

平方值显示，各个题项与其余题项加总的一致性高，题项删除后的Cronbach's Alpha 系数值也没有高于内部一致性 Cronbach's Alpha 系数值，表示各个构面的内部一致性信度非常理想。

表 7-10 内部一致性统计量

题项	项已删除的刻度均值	项已删除的刻度方差宏	校正的项总计相关性	多相关性的平方	项删除的Cronbach's Alpha 值
PI1	23.723	31.181	0.733	0.597	0.925
PI2	23.928	29.69	0.782	0.675	0.921
PI3	23.558	30.752	0.776	0.668	0.922
PI4	23.63	31.115	0.769	0.653	0.922
PI5	23.558	31.766	0.763	0.639	0.923
PI6	24.104	30.453	0.754	0.607	0.923
PI7	23.772	30.072	0.81	0.682	0.919
PI8	23.598	31.499	0.724	0.579	0.925
EI1	3.324	0.979	0.785	0.616	
EI2	3.373	0.837	0.785	0.616	
SI1	9.399	7.51	0.62	0.432	0.838
SI2	9.416	6.876	0.708	0.577	0.801
SIB	9.327	6.893	0.73	0.599	0.791
SI4	9.237	7.347	0.7	0.512	0.805
AL1	18.546	25.083	0.686	0.534	0.891
AL2	18.746	24.677	0.738	0.586	0.885
AL3	18.882	24.795	0.659	0.441	0.894
AL4	18.954	24.589	0.714	0.532	0.887
AL5	18.887	23.932	0.756	0.623	0.883
AL6	18.705	24.481	0.771	0.619	0.881
AL7	18.465	25.734	0.658	0.467	0.894

五、效度检验

在效度检验上，最常使用的是区别效度和收敛效度。其中收敛效度衡量的是具有相同潜质的题项落在同一构面上的程度，区别效度衡量的是构面所代表的潜在特质与其他构面所代表的潜在特质具有差异性的程度。在收敛效度上，按照 Fornell（1992）的建议，我们对组合信度（C.R.）、平均方差萃取量（AVE）等指标进行了检验，如表 7-11 所示。参考 Hair 等（1998）的标准，C.R. 值应高于 0.7，而本章的 C.R. 值均大于 0.85，说明各构面的内部一致性良好。此外，AVE 值的可接受范围是 0.36 ~ 0.5，理想的 AVE 值应大于 0.5，而本书的 AVE 均处于 0.5 以上水平，证明本研究所选取的构面对解释变量的方差具有很好的解释度。

表 7-11　效度检验

变量	组合信度	收敛效度	区别效度			
			涉入度	经济激励	分享意愿	利他性
涉入度	0.9323	0.6328	0.795			
经济激励	0.8813	0.7881	0.284	0.888		
分享意愿	0.8517	0.591	0.471	0.661	0.769	
利他性	0.9034	0.5728	0.482	0.338	0.509	0.757

在区别效度的检验上，Fornell 等人建议计算平均方差萃取量的算术平方根，并判断该值是否大于构面间相关系数的绝对值。表 7-11 中加粗部分为平均方差萃取量的算术平方根，它们均大于潜在变量之间相关系数绝对值，说明内部相关性大于外部相关性，即潜在变量之间是有区别的，判别效度高。

六、共同方法偏差检验

同样的问卷来源、相似的社会期望或者问卷长度等问卷自身设计都有可能造成量表预测变量与校标变量的人为共变，对问卷结果或研究结论产生误导。为减少这种共同方法偏差，本章除了通过程序方法（限制答题时间、设置匿名作答、对同一 ID 问卷作无效处理等）加以弥补外，还通过加入共同方法因子进行验证性因子分析。在具体检验过程中，本研究在调查中加入了“生活满意度”这一变量，构建了验证性因素分析模型 Ma，然后构建了包含方法因子“生活满意度”的模型 Mb。比较模型 Ma 和 Mb 的主要拟合指数后计算发现：△ GFI=0.026，△ IFI=0.02，△ NFI=0.023，△ RMSEA=0.006，△ CFI=0.02，△ TLI=0.014，可见各项拟合指数的变化均小于 0.03，这说明加入共同方法因子后，模型并未获得显著的优化，故证明明显的共同方法偏差并不存在。

第四节　结果分析

一、直接作用检验

本研究通过 AMOS24.0 进行模型估计，对整体模型的拟合情况依照三类指标，即绝对适配度指数、增值适配度指数以及精简适配度指数来进行评价。在修正前，模型存在相关指数不达标的情况，其中 NFI=0.895 < 0.9，CFI=0.895 < 0.9，因此，根据修正法则，从最大 MI 指数开始进行修正，建立误差项之间的共变关系。最终模型适配度中，绝对适配度指数 GFI=0.917，RMSEA=0.053；增值适配度指数中，NFI=0.901，IFI=0.948，TLI=0.937，CFI=0.908，$\chi^2/df=1.777$；精简适配度指数中，PGFI=0.69，PNFI=0.749。根据吴明隆提出的检验标准，所有指标均在相应的参考值以上，表明整体模型具有良好的拟合度。

最终假设检验结果如图 7–2 所示。

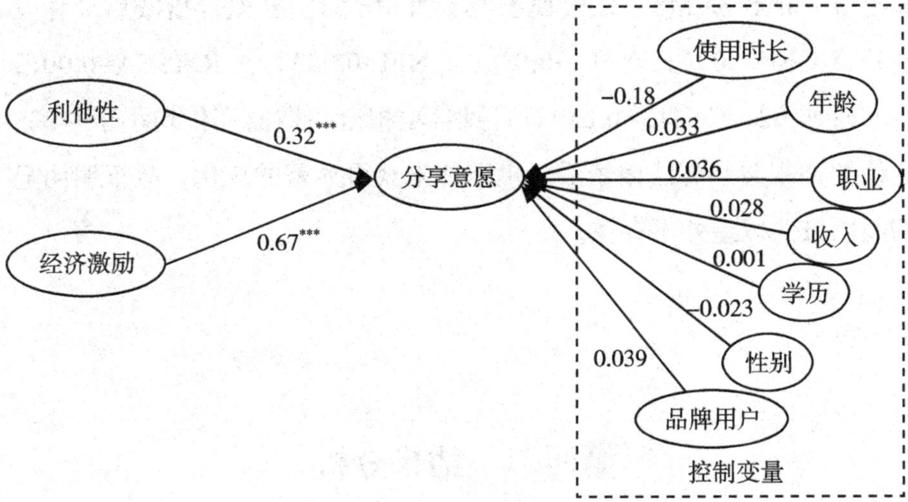

图 7–2 假设检验结果

利他性对分享意愿的标准回归系数为 0.32（$p < 0.001$），因而假设 H1 成立，即社交网络用户的利他性对其分享企业生成内容的意愿具有显著正向影响。经济激励对分享意愿的标准回归系数为 0.67（$p < 0.001$），因而假设 H2 成立，即经济激励对用户分享企业生成内

容的意愿具有显著正向影响。同时，经济激励对分享意愿的标准回归系数大于利他性对分享意愿的标准回归系数，说明经济激励比利他性对用户分享企业生成内容意愿的影响更大。

同时，控制变量对分享意愿的标准回归系数较小且不显著，说明控制变量对社交网络中用户分享企业生成内容意愿的影响不显著。

二、产品涉入度的调节作用

样本一（高涉入度产品）和样本二（低涉入度产品）的无限制模型标准回归系数，如图 7–3、图 7–4 所示。样本一（高涉入度产品）和样本二（低涉入度产品）的限制模型标准回归系数，如图 7–5、图 7–6 所示。

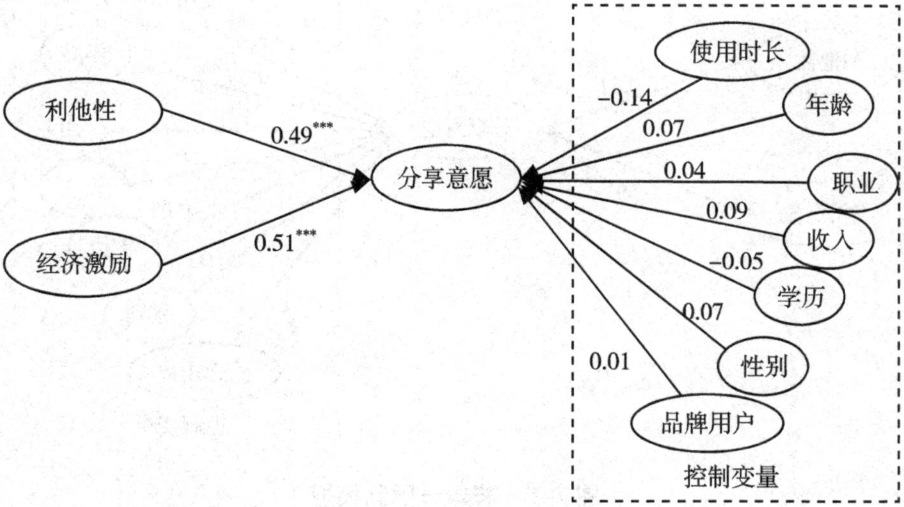

图 7–3　样本一无限制模型

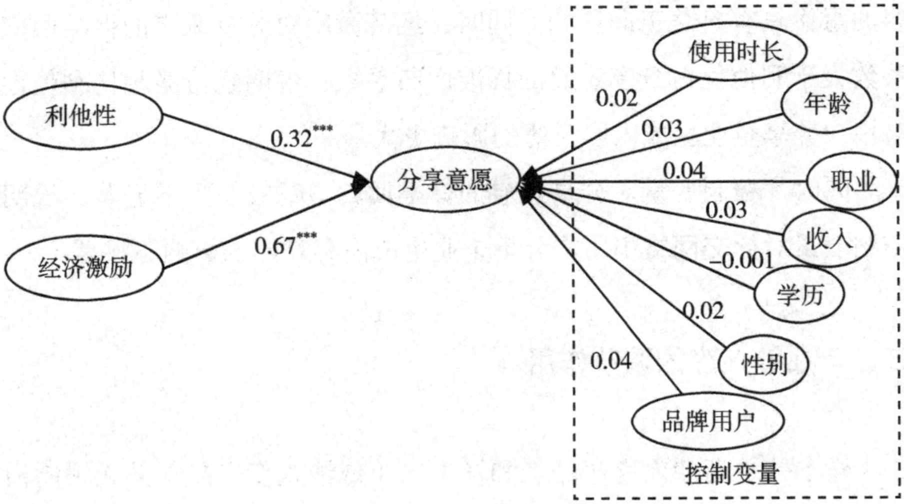

图 7-4　样本二无限制模型

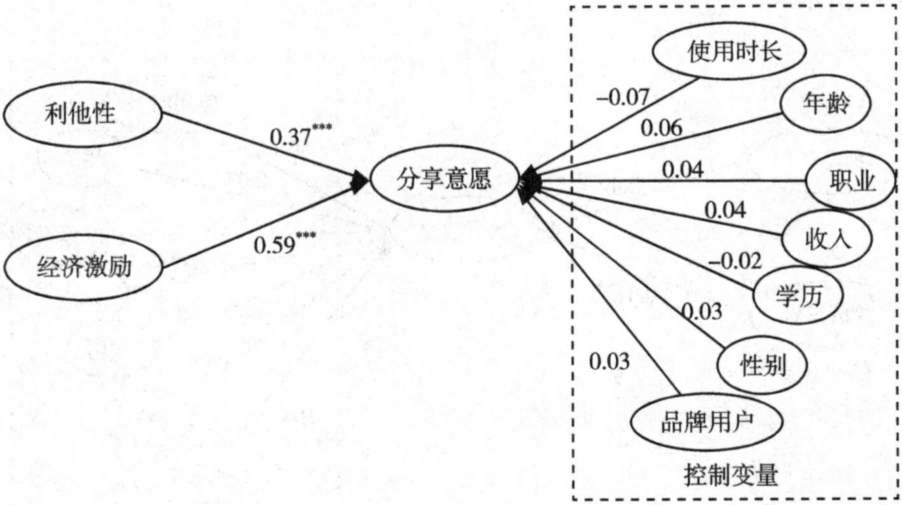

图 7-5　样本一限制模型

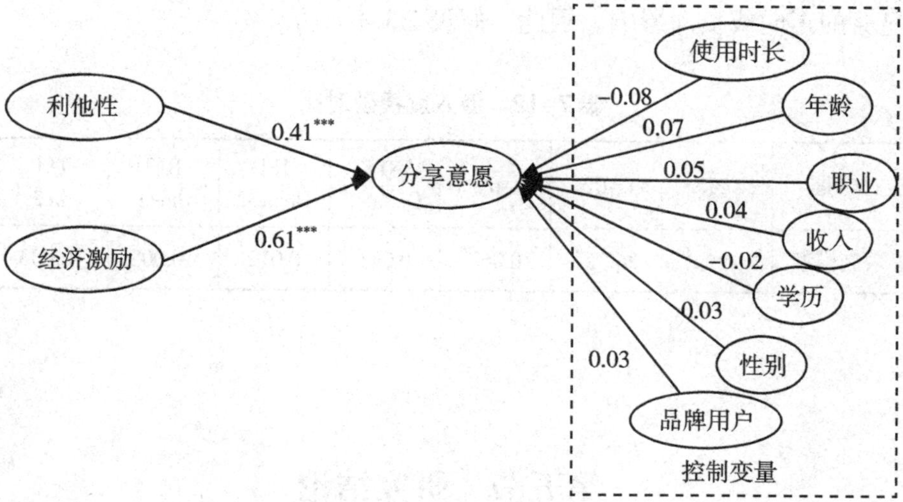

图 7-6　样本二限制模型

比较图 7-3 和图 7-4 可以发现，在不对两组样本模型的路径系数进行限制时，样本一中利他性对分享意愿的回归系数为 0.49，经济激励对分享意愿的回归系数为 0.51；样本二中利他性对分享意愿的回归系数为 0.32，经济激励对分享意愿的回归系数为 0.67。据此推断，在产品的涉入度较高时，经济激励对用户分享意愿的影响比利他性更大。

当对两组样本模型的路径系数限制相等后，如图 7-5 和图 7-6，样本一中利他性对分享意愿的回归系数为 0.37，经济激励对分享意愿的回归系数为 0.59；样本二中利他性对分享意愿的回归系数为 0.41，经济激励对分享意愿的回归系数为 0.61，两组样本并无显著差异。

如表 7-12 所示，在模型比较结果中，p 值大于 0.05，为 0.067，这说明对两种不同涉入度产品，两个模型并不存在显著的差异；此外，RFI 和 TLI 的绝对值结果都小于 0.01，表明模型参数变化非常小。综上所述，涉入度变量的总体调节效应不显著，更未能发现其有显著的正向或负向影响，因此，假设 H3 不成立。

表 7-12 涉入度模型对比

Model	DF	CMIN	p	NFI Delta-1	IFI Delta-2	RFI rho-1	TLI rho2
限制模型	25	36.321	0.067	0.011	0.012	-0.002	-0.003

第五节 研究结论

本章基于内外部动机相关理论和涉入度理论，从企业角度出发，试探讨影响社交网络中用户分享企业生成内容的因素。具体来说，我们选取利他性作为用户内在动机，经济激励作为用户外在动机，并引入产品涉入度为调节变量，建立了理论模型。通过收集问卷数据，分析了利他性和经济激励会否以及如何影响用户企业生成内容分享意愿，并检验了产品涉入度的调节作用。具体研究结论如下。

利他性显著正向影响社交网络中用户对企业生成内容的分享意愿。这表明，在社交网络中，用户的利他倾向越高，越有可能分享企业生成的内容。诚然，企业无法通过一则产品信息改变用户的人格特征，但可以通过合理设计内容，使信息接受者感受到该信息对他人乃至整个社群具有积极意义或一定价值。一方面，企业可以在生成内容时，使自己的文案和科普性的知识或公益性信息相结合，这样，利他性高的用户就会因为感知到这则内容的社会价值而愿意分享；另一方面，企业也可以着力凸显产品本身的价值，以及展示分享这则信息所带来的价值是普遍的、可传递的，当利他性较高的用户意识到这一产品存在为他人带来帮助的可能时，更有意愿分享这则信息。

经济激励显著正向影响社交网络中用户对企业生成内容的分享意愿，且比利他性的影响更为重要。这表明，当用户在企业生成的信息中感知到可预期的经济激励时，会更愿意转发分享这一内容。并且，即便是利他性相对不那么高的用户，仍然很可能因为感知到足够的经济激励而选择分享这则企业信息。因此，企业可以尝试以更明确、更广泛的方式，给分享产品或品牌信息的社交用户以经济激励，包括产品赠送、消费优惠和现金奖励等多种形式。许多社交网络中的用户可能会单纯为了获得这一经济奖励而分享传播企业生成的内容。

此外，产品涉入度在研究利他性和经济激励影响用户分享企业生成内容的意愿中的调节作用不显著，这表明即便用户对产品的涉入度存在差异，但利他性和经济激励对分享意愿的正向影响大体上仍然不变。

第八章　结论与展望

第一节　主要研究结论

本书围绕企业社会化媒体营销展开研究，以微博营销为例，旨在准确衡量企业社会化媒体营销的效果，探索企业社会化媒体营销效果产生的机制。本研究由三个子研究构成，研究结论对企业社会化媒体营销具有重要的理论意义和实践意义。

首先，我们在企业层面衡量了企业微博营销的效果。总体来说，企业社会化媒体平台上生成的内容可以显著促进企业销量增长，在开通微淘半年后，企业（店铺）销量平均增长了 20.67%。此外，对不同类型的企业，社会化媒体企业生成内容的效果不同。相比于销售高介入度产品的企业，销售低介入度产品的企业的微淘营销效果更好。具体而言，文具类店铺在开通微淘半年后销量平均增长了 27.86%，化妆类店铺销量平均增长 19.84%。此外，考虑到企业社会化媒体参与程度，对于开通微淘的店铺，粉丝数越多，发布的博文数越多，微淘营销的效果会更好。这一效果对销售高介入产品的企业而言更为明显。

其次，本书探讨了企业生成内容类型对企业微博营销效果的影响。同时，我们检验了产品类型（即高介入度产品和低介入度产品）对内容效果的调节作用。研究发现，社会化媒体平台企业生成内容对产品销量具有显著正向影响。总体来说，微淘推广 4 天内，产品销量平均增长 48.99%。对于低介入度产品，微淘推广 4 天内，产品销量平均增长 71.11%；对于高介入度产品，微淘推广 4 天内，产品销量平均增长 41.3% 。此外，内容分析的结果表明，与说服性内容和促销性内容相比，信息性内容对产品销量的影响更大。对于高介入度产品，信息性内容的影响更大；而对于低介入度产品，促销性内容的影响更大。而我们对短视频平台博主内容类型的研究则表明，娱乐型内容对体验性商品销量的影响更大，其主要是通过影响视频的受欢迎程度影响产品销量。

再次，我们探讨了企业微博营销效果产生的机制。研究发现，企业微博营销能够通过社交互动发挥作用。企业品牌社区发布的微博数通过影响官方微博上的消费者互动和全微博平台个人口碑，可以显著影响企业销售收入；企业名人朋友数通过影响全微博平台个人口碑，可以显著影响企业销售收入；而企业品牌社区粉丝数仅对销售收入有直接影响，其影响趋势呈倒“U”形，即官方微博粉丝数量适宜时，票房收入最高；但是当粉丝数目超过一定数量时，票房收入则会不断降低。这是因为企业过度关注粉丝数目，盲目投入过多资源吸引大量粉丝，这部分粉丝中往往有许多并不是企业的潜在消费者，企业在该过程中浪费了过多资源。此外，国产电影和进口电影社会化媒体营销效果产生的机制存在显著差异。具体来说，企业社会化媒体营销对国产电影票房的影响机制与全样本一致，而对于进口电影，企业官方微博发布的博文数可以通过影响全微博平台个人口碑，进而影响企业销售收入，其余社会化媒体营销活动对票房收入影响不显著。这表明进口电影主要是凭借自身特征吸引观众，来提高票房收入的。

最后，我们探索了影响企业生成内容社交互动的因素。结果表明，利他性与经济激励均显著正向影响社交网络中用户对企业生成内容的分享意愿，且经济激励对用户分享意愿的影响大于利他性，而产品涉入度的调节作用不显著。这表明，在社交网络中，当用户的利他倾向越高时，越有可能分享企业生成的内容；当用户在企业生成的信息中感知到可预期的经济激励时，会更愿意转发分享这一内容。并且，即便是利他性相对不那么高的用户，仍然很可能因为感知到足够的经济激励而选择分享这则企业信息。因此，企业可以通过合理设计内容，使信息接受者感受到该信息对他人乃至整个社群具有积极意义或一定价值，并以更明确、更广泛的方式，给分享产品或品牌信息的社交用户以经济激励，包括产品赠送、消费优惠和现金奖励等多种形式，促进用户分享。

第二节　理论意义

本书为社会化媒体营销的相关研究提供了有益的借鉴。

首先，以往研究主要关注个人用户生成内容，如个人用户生成内容的数量和情感对销量的作用（Rui 等，2013；Dewan 和 Ramaprasad，2014），企业生成内容的相关研究较少。考虑到企业生成内容是企业主动进行社会化媒体营销的常用方法实践，是企业与消费者互动的重要方式，因此本书主要关注企业生成内容。我们衡量了企业生成内容的效果，检验了企业生成内容类型的效果，探索了企业生成内容效果产生的机制。总体来说，本书补充了企业生成内容的研究，加深了我们对社会化媒体营销的认识。

其次，目前关于企业生成内容的研究都是基于单个企业的数据，聚焦于个体消费者（Goh 等，2013；Rishika 等，2013）。但是，企业特征和企业使用社会化媒体特征均对社会化媒体营销效果有一定影响，基于单个企业的研究具有一定的局限性。本书收集了多个企业的面板数据，在企业层面和产品层面分别检验了社会化媒体营销的效果，结果更具有一般性和可扩展性。

再次，本书对企业社会化媒体营销实践及其效果进行了检验。已有文献还未就社会化媒体营销实践对销售收入的影响达成一致。例如，Dhar 和 Chang（2009）基于 MySpace 的数据，发现歌手的粉丝数量对音乐销量的影响不显著；Dewan 和 Ramaprasad（2014）的研究则表明，社会化媒体博客数量负向影响专辑销量和歌曲销量；而 Rishika 等（2013）基于某服装企业的数据，发现博客数量积极影响客户关系和客户利润。本书基于大量企业数据，研究了粉丝数量和博客数量对企业销售收入的影响，以及该效果如何受企业类型的影响。

复次，我们检验了企业生成内容类型的效果，为企业生成内容的研究提供了有益的借鉴。Tucker（2014）和 Goh 等（2013）关于企业生成内容类型效果的研究呈相反结果。我们的研究表明，信息性内容更有助于产品销量增长。除此之外，产品类型对内容效果也有一定的影响。具体来说，对于高介入度产品，信息性内容更加有效；而对于低介入度产品，促销性内容更加有效。通过收集社会化媒体企业生成内容，我们对其进行编码发现，在中国社会化媒体营销环境下，促销性内容是一种重要的内容，未来研究可以适当关注这类内容。

最后，本书探索了社会化媒体营销效果产生的机制。现有研究检验了企业社会化媒体营销的直接效果，但缺乏对效果产生机制的探索，而本书研究发现，社交互动是社会化媒体营销效果产生的重要中介。本书基于社交互动的渠道，将其分为官方微博与消费者互动和全微博平台个人口碑两类，并使用社会化媒体运营数据分别对其进行衡量。此外，不同类型的企业社会化媒体营销效果产生的机制不同，企业在衡量社会化媒体营销效果时，应根据自身特征选择合适的指标。本书的研究填补了社会化媒体营销效果产生机制的文献空白。

基于以上几点，我们发现社会化媒体与传统媒体存在显著差异。传统媒体采用广播方式传递信息，内容由企业或媒体向用户单向传播，而与传统媒体不同，社会化媒体信息是在企业和用户之间双向流动，形成了互动交流，信息可以像病毒一样迅速高效地蔓延。此外，社会化媒体强调媒体与用户的互动性，所有用户都可以生成内容和反馈内容，打破了传统媒体与用户之间的隔阂。

因此，企业在进行社会化媒体营销时更加强调企业与消费者的互动性，社会化媒体为消费者反馈和互动提供了平台，消费者可以评论、转发和点赞企业发布的内容。企业在社会化媒体平台上发布合适的内容，将适当的内容传递给消费者，社会化媒体的三级传播模式促进了企业在社会化媒体平台发布内容的快速传播。企业社会化媒体营销内容通过层层传播，传播给大量消费者。消费者决策过程受社会化媒体营销内容影响，购买意愿有所提高，从而促进了企业绩效的提升。

第三节　管理启示

本书研究基于微博平台，为企业微博营销实践提供了一定的理论指导。此外，微博营销的相关结论对企业其余平台的社会化媒体营销实践也有一定的参考和启示。社会化媒体为消费者提供了分享、交流和消费的新模式，企业也开始利用社会化媒体与消费者进行互动，投入资源推广产品和服务。与传统媒体营销相比，企业社会化媒体营销整合了多种媒体信息，传播不受时空限制，传播渠道更加多样化，时效性更强。但是，大多数企业尚未形成对社会化媒体营销是否有效及如何进行社会化媒体营销的清晰认知。本书研究为企业进行社会化媒体营销提供了有效借鉴。

首先，企业应该主动利用社会化媒体，发布企业信息和产品信息，进行营销。本书研究发现，企业社会化媒体营销显著正向企业销售收入。但是，这一正向关系不能简单解释为通过开通品牌社区就可以提高企业销售收入，企业社会化媒体营销更强调品牌与消费者的互动性，企业应定期发布信息，与消费者互动，进行全面沟通，促进消费者对品牌理念的认可和介入。在此过程中，企业要通过建立品牌核心价值，建立与消费者的关系。品牌的核心价值反映了购买产品和服务的消费者的想法、追求和精神。企业产品取得消费者共鸣，满足消费者情感，可以增强消费者购买的理由，增进品牌竞争力、美誉度和忠诚度，从而提高消费者的购买意愿。

其次，社会化媒体营销的效果与产品特征相关。研究表明，无论是在企业层面还是产品层面，社会化媒体营销对低介入产品的影响更大。企业应根据自身特征，制定合理的社会化媒体营销战略。对于销售高介入度产品的企业，企业社会化媒体营销应发布信息性内容，以消除消费者决策过程中的不确定性。企业需要花更多时间学习如何有效运营社会化媒体。而对于销售低介入度产品的企业，则可以通过发布促销性内容，刺激消费者需求，提高消费者购买意愿。

再次，企业社会化媒体营销发布的内容是影响其效果的关键因素。本书研究发现，企业社会化媒体营销的效果主要由企业营销的内容产生。总的来说，企业微博营销过程中，信息性内容能够有效促进消费者购买意愿，提高产品销售收入；企业与消费者互动频率越高，企业微博营销效果越好。具体来说，用户体验、产品质量等信息的分享更能吸引消费者眼球，企业要使用丰富的内容去营销，而非为了营销而敷衍内容。除此之外，微博作为企业与消费者之间的沟通工具，交流是重中之重，企业在进行微博营销时不能仅局限于向用户传递信息，还要引导客户反馈信息，实现企业与客户的实时沟通，活跃用户。

复次，企业可以利用社会化媒体的互动性，实现更好的营销效果。本书研究发现，社会化媒体粉丝数目及发布博文数目正向影响企业销售收入，这一效果对销售高介入度产品的企业尤其明显。企业发布博文，有助于吸引更多的消费者，并与消费者互动。销售高介入度产品的企业，也可以通过发布更多博文，吸引更多粉丝，提高社会化媒体营销的效果。

又次，社会化媒体粉丝为企业社会化媒体精准营销提供了基础。企业社会化媒体粉丝通常为企业的现有客户或潜在客户。企业通过社会化媒体营销掌握了大量客户信息，包括客户的基本特征数据，如年龄、性别和职业等；也包括客户发布和分享的内容信息，这些信息反映了客户的喜好、消费习惯和购买能力等。企业社会化媒体营销通过客户的精准人群定向，与传统营销相比，能够收到更好的效果。

最后，企业在制定社会化媒体营销战略时，应充分考虑社会化媒体营销效果产生的机制。本书研究发现，企业发布的博文数通过影响官方微博与消费者互动、全微博平台个人口碑，可以正向影响企业销售收入。此外，企业应有效利用名人进行营销，企业品牌社区的名人朋友通过影响全平台个人口碑，进而影响企业销售收入。而企业品牌社区粉丝数对销售收入的影响呈倒“U”形，即品牌社区粉丝数量处于合适水平时，销售收入最高，当粉丝数目过多时，销售收入则会下降。这表明，企业应投入适量的资源吸引粉丝，品牌社区的内容质量和粉丝质量远比数量重要。总体来说，企业社会化媒体营销策略主要是通过促进官方微博与消费者互动、全微博平台个人口碑来影响销售收入。凭借社会化媒体平台，企业以更低的成本实现了品牌信息的可持续传播。在衡量企业社会化媒体营销效果时，企业应关注社交互动，而不仅仅是粉丝数量等简单指标。为提升社交互动，企业可以通过合理设计内容，使信息接受者感受到该信息对他人乃至整个社群具有积极意义或一定价值，并以更明确、更广泛的方式，给分享产品或品牌信息的社交用户以经济激励，包括产品赠送、消费优惠和现金奖励等多种形式，促进用户分享与互动。

通过以上分析可以看出，与传统媒体相比，社会化媒体为企业与消费者提供了交流和互动的平台；借助社会化媒体的互动性，企业以更低的成本实现了品牌内容的可持续传播，实现了企业信息的精准传播。企业在进行社会化媒体营销实践时，应该着重注意社会化媒体营销的内容，要使用丰富的内容去营销，而不仅仅是向消费者传递信息，还应该引导消费者反馈信息。总之，本书研究表明，企业应积极进行社会化媒体营销，并根据企业特征和产品特征，制定合适的社会化媒体营销战略，投入适量资源进行社会化媒体营销活动。

第四节　研究局限与未来展望

本书研究具有一定的理论意义和实践意义，但是受条件所限，也有一定的局限性，主要体现在以下几点。

首先，本书仅分别选取了一类产品代表高介入度产品和低介入度产品，其中，化妆品作为高介入度产品的代表、文具作为低介入度产品的代表。在收集每一类产品信息时，我们需要收集所有的微淘店铺、相应的微淘账户信息、所有的微淘内容信息及其对应的产品信息和销量信息，数据收集极为困难。我们将在未来考虑收集多个产品品类的数据，扩展研究结论，使其更具一般性。

其次，在第四章的双重差分分析中，我们利用淘宝“看了又看”功能获取控制组产品数据。理想情况下，我们应使用更为严谨的方式匹配控制组产品，然而，由于产品数据获取的限制，我们不能进行倾向性得分匹配或其他匹配方式。在这种情况下，“看了又看”功能为我们提供了实验组产品的最佳匹配产品（最相似产品）。

再次，在第四章的微淘内容分析中，由于淘宝的销量数据获取限制，我们仅对 178 条博文进行了编码。为保证数据的完整性，我们仅保留了交易数据完整的博文。不过，本书所采用的内容编码方法仍然可适用于大量数据集。未来研究中，我们将构建微淘博文内容的大量训练集，使用数据挖掘算法识别企业生成内容类型。

复次，本书主要衡量了社会化媒体营销对销售收入的影响，但是，在我们研究期间微淘刚刚上线，企业尚未形成成熟的运营策略。未来研究可以考虑企业社会化媒体营销的学习过程，以发现企业社会化媒体营销最佳实践。

最后，由于微博平台的数据获取限制，在第七章的研究中我们未能获取粉丝数量的实时数据。尽管我们选取合适的模型补齐了粉丝数据，但获取真实粉丝数据将会使得研究结果更加准确。我们将在未来研究中考虑追踪企业官方微博营销活动，实时获取粉丝数据。

参考文献

[1]Abernethy A M，Franke G R.The information content of advertising：A Meta–analysis[J]. Journal of Advertising，1996，25（2）：1–17.

[2]Adelman M B，Ahuvia A C.Social support in the service sector：The antecedents，processes，and outcomes of social support in an introductory service[J].Journal of Business Research，1995，32（3）：273–282.

[3]Anand B，Shachar R.Advertising the matchmaker[J].Rand Journal of Economics，2011，42（2）：205–245.

[4]Anderson L R，Holt C A.Information cascades in the laboratory[J].The American Economic Review，1997，87（5）：847–862.

[5]Ariel Y，Avidar R.Information，Interactivity，and Social media[J].Atlantic Journal of Communication，2015，23（1）：19–30.

[6]Armstrong S.Persuasive advertising[M].New York：Palgrave Macmillan，2010.

[7]Assael H.Consumer behavior and marketing action[M].Boston：Kent Pub. Co.，1984.

[8]Balcan D，Hu H，Goncalves B，et al.Seasonal transmission

potential and activity peaks of the New Influenza A（H1N1）：A monte carlo likelihood analysis based on human mobility[J].BMC Medicine，2009，7（1）：45–45.

[9]Baron R M，Kenny D A.The moderator–mediator variable distinction in social psychological research：Conceptual，strategic，and statistical considerations[J].Journal of Personality and Social Psychology，1986，51（6）：1173.

[10]Becker G S.A Theory of social interactions[J].Journal of Political Economy，1974，82（6）：1063–1093.

[11]Belk R W.Effects of gift–giving involvement on gift selection strategies[J].Advances in Consumer Research，1982，9（1）：408–412.

[12]Berger J，Milkman K L.What makes online content viral？[J].Journal of Marketing Research，2012，49（2）：192–205.

[13]Bertrand M，Karlan D，Mullianathan S，et al.What's advertising content worth？ Evidence from a consumer credit marketing field experiment[J].The Quarterly Journal of Economics，2010，125（1）：263–306.

[14]Bian X，Moutinho L.An investigation of determinants of counterfeit purchase consideration[J].Journal of Business Research，2009，62（3）：368–378.

[15]Bickart B，Schindler R M.Internet forums as influential sources of consumer information[J].Journal of Interactive Marketing，2001，15（3）：31–40.

[16]Blackwell R D，Miniard P W，Engel J F.Consumer behavior[M].London：Thomson Corporation，2006.

[17]Bloch P H，D L Sherrell，N M Ridgway.Consumer search：An extended framework[J]. Journal of Consumer Research，1986，13（2）：119–126.

[18]Bloch P H.An exploration into the scaling of consumers' involvement with a product class[J].Advances in Consumer Research，1981，8（1）：61–65.

[19]Bloch P H，Sherrell D L，Ridgway N M.Consumer search：An extended framework[J].Journal of Consumer Research，1986，13（1）：119–126.

[20]Bock G W，Zmud R W，Kim Y G，et al.Behavioral intention formation in knowledge sharing：Examining the roles of extrinsic motivators，social–psychological forces，and organizational climate[J]. MIS Quarterly，2005，29（1）：87–111.

[21]Bone P F.Word–of–Mouth effects on short–term and long–term product judgments[J].Journal of Business Research，1995，32（3）：213–223.

[22]Brisoux J E，Cheron E J.Brand categorization and product involvement[J].Advances in Consumer Research，1990，17（1）：101–109.

[23]Brock W A，Durlauf S N.Discrete choice with social interactions[J].The Review of Economic Studies，2001，68（2）：235–260.

[24]Bronner F，De Hoog R.Consumer–Generated versus Marketer–Generated websites in consumer decision making[J].International Journal of Market Research，2010，52（2）：231–248.

[25]Byron D.A Meta–Analytic review of Work–Family conflict and its antecedents[J]. Journal of Vocational Behavior，2005（67）：169–198.

[26]Cant M C，Strydom J W，Jooste C J.Marketing management [M].Cape Town：Juta Publications，2009.

[27]Chaiken S.Heuristic versus systematic information processing and the use of source versus message cues in persuasion[J].Journal of Personality and Social Psychology，1980，39（5）：752.

[28]Chakravarty A，Liu Y，Mazumdar T.The differential effects of online Word–of–Mouth and critics'reviews on pre–release movie evaluation[J].Journal of Interactive Marketing，2010，24（3）：185–197.

[29]Chevalier J A，Mayzlin D.The effect of Word–of–Mouth on sales：Online book reviews[J].Journal of Marketing Research，2006，43（3）：345–354.

[30]Cheung C M，Lee M K，Rabjohn N.The impact of electronic Word–of–Mouth：The adoption of online opinions in online customer communities[J].Internet Research，2008，18（3）：229–247.

[31]Cheung C M，Thadani D R.The impact of electronic Word–of–Mouth communication：A literature analysis and integrative model[J].Decision Support Systems，2012，54（1）：461–470.

[32]Cheung M Y，Luo C，Sia C L，et al.Credibility of electronic Word–of–Mouth：Informational and normative determinants of online consumer recommendations[J].International Journal of Electronic Commerce，2009，13（4）：9–38.

[33]Christensen T P，Ascione F J，Bagozzi R P.Understanding how elderly patients process drug information：A test of a theory of information processing[J].Pharmaceutical Research，1997，14（11）：1589–1596.

[34]Chu S C，Kamal S.The effect of perceived blogger credibility and argument quality on message elaboration and brand attitudes：An exploratory study[J].Journal of Interactive Advertising，2008，8（2）：26–37.

[35]Chu S C，Kim Y.Determinants of consumer engagement in electronic Word–of–Mouth（eWOM）in social networking sites[J].International Journal of Advertising，2011，30（1）：47–75.

[36]Cole M D，Long M M，Chiagouris L G，et al.Transitioning from traditional to digital content：An examination of opinion leadership and Word–of–Mouth communication across various media platforms[J].Journal of Internet Commerce，2011，10（2）：91–105.

[37]Cox A，Granbois D，Summers J.Planning，search，certainty and satisfaction among durables buyers：A longitudinal study[J].Advances in Consumer Research，1983（10）：394–399.

[38]Cui G，Lui H K，Guo X.The effect of online consumer reviews on new product sales[J].International Journal of Electronic Commerce，2012，17（1）：39–58.

[39]De Vries L，Gensler S，Leeflang P S.Popularity of brand posts on brand fan pages：An investigation of the effects of social media marketing[J].Journal of Interactive Marketing，2012，26（2）：83–91.

[40]Deci E L.Intrinsic motivation，extrinsic reinforcement, and

inequity[J]. Journal of Personality and Social Psychology，1972，22（1）：113.

[41]Deci E L，Ryan R M.The “what” and “why” of goal pursuits：Human needs and the self-determination of behavior[J].Psychological Inquiry，2000，11（4）：227-268.

[42]Dellarocas C，Zhang X M，Awad N F.Exploring the value of online product reviews in forecasting sales：The case of motion pictures[J].Journal of Interactive Marketing，2007，21（4）：23-45.

[43]Dewan S，Ramaprasad J.Social media，Traditional media, and Music sales[J].MIS Quarterly，2014，38（1）：101-121.

[44]Dhanasobhon S，Chen P Y，Smith M.An analysis of the differential impact of reviews and reviewers at Amazon.com[J].ICIS 2007 Proceedings，2007（94）：535.

[45]Dhar V，Chang E A.Does chatter matter? The impact of user-generated content on music sales[J].Journal of Interactive Marketing，2009，23（4）：300-307.

[46]Doh S J，Hwang J S.How consumers evaluate eWOM（electronic Word-of-Mouth）messages[J].CyberPsychology & Behavior，2009，12（2）：193-197.

[47]Du J，Xu H，Huang X.Box office prediction based on microblog[J].Expert Systems with Applications，2014，41（4）：1680-1689.

[48]Duan W，Gu B，Whinston A B.Do online reviews matter? An empirical investigation of panel data[J].Decision Support Systems，2008，45（4）：1007-1016.

[49]Duan W，Gu B，Whinston A B.The dynamics of online Word-of-Mouth and product Sales——An empirical investigation of the movie industry[J].Journal of Retailing，2008，84（2）：233-242.

[50]Eliashberg J，Shugan S M.Film critics：Influencers or predictors？[J].The Journal of Marketing，1997（61）：68-78.

[51]Engel J F，Blackwell R D，Miniard P W.Consumer Behavior，8th[M].New York：Dryden，1995.

[52]Erdoğmuş I E，Cicek M.The impact of social media marketing on brand loyalty[J].Procedia-Social and Behavioral Sciences，2012，58（10）：1353-1360.

[53]Gaber H R，Wright L T.Fast-food advertising in social media：A case study on facebook in Egypt[J].Journal of Business and Retail Management Research，2014，9（1）：52-63.

[54]Godes D，Mayzlin D.Firm-created Word-of-Mouth communication：Evidence from a field test[J].Marketing Science，2009，28（4）：721-739.

[55]Godes D，Mayzlin D.Using online conversations to study Word-of-Mouth communication[J].Marketing Science，2004，23（4）：545-560.

[56]Godes D，Mayzlin D，Chen Y，et al.The firm's management of social interactions[J].Marketing Letters，2005，16（3-4）：415-428.

[57]Goh K Y，Heng C S，Lin Z.Social media brand community and consumer behavior：Quantifying the relative impact of User-and Marketer-generated content[J].Information Systems Research，2013，24（1）：88-107.

[58]Goh K Y，Hui K L，Png I P.Newspaper reports and consumer choice：Evidence from the do not call registry[J].Management Science，2011，57（9）：1640–1654.

[59]Granovetter M S.The strength of weak ties[J].American Journal of Sociology, 1973（78）：1360–1380.

[60]Graeff T R.Consumption situations and the effects of brand image on consumers' brand evaluations[J].Psychology & Marketing，1997，14（1）：49–70.

[61]Gremler D D，Brown S W.The loyalty ripple effect：Appreciating the full value of customers[J].International Journal of Service Industry Management，1999，10（3）：271–293.

[62]Grubler A.The Rise and Fall of Infrastructures：Dynamics of Evolution and Technological Change in Transport[M]. Heidelberg：Physica–Verlag，1990.

[63]Gu B，Park J，Konana P.The impact of external Word–of–Mouth sources on retailer sales of High–involvement products[J].Information Systems Research，2012，23（1）：182–196.

[64]Guadagno R E，Cialdini R B.Online persuasion and compliance：Social influence on the internet and beyond[J].The Social Net：The Social Psychology of the Internet，2005：91–113.

[65]Fishbein M，Ajzen I，Belief A.Intention and behavior：An introduction to theory and research.Reading[M].MA：Addison–Wesley，1975.

[66]Flynn L R，Goldsmith R E，Eastman J K.Opinion leaders and opinion seekers：Two new measurement scales[J].Journal of the

Academy of Marketing Science，1996，24（2）：137-147.

[67]Forman C，Ghose A，Wiesenfeld B.Examining the relationship between reviews and sales：The role of reviewer identity disclosure in electronic markets[J].Information Systems Research，2008，19（3）：291-313.

[68]Freelon D.ReCal：Intercoder reliability calculation as a web service[J]. International Journal of Internet Science，2010，5（1）：20-33.

[69]Ha H，Janda S，Muthaly S.Development of brand equity：Evaluation of four alternative models[J].Service Industries Journal，2010，30（6）：911-928.

[70]Hair J F，Black W C，Babin B J，et al.Multivariate data analysis[M].5th ed.Upper Saddle River：Prentice Hall，1998.

[71]Hall S R.Theory and practice of advertising：A textbook covering the development and fundamental principles of advertising and methods of representative advertisers[M].New Yark：McGraw-Hill Book Company，Inc.，1926.

[72]Hansen S S，Lee J K.What drives consumers to pass along marketer-generated eWOM in social network games? Social and game factors in play[J].Journal of Theoretical and Applied Electronic Commerce Research，2013，8（1）：53-68.

[73]Hennig-Thurau T，Gwinner K P，Walsh G，et al.Electronic Word-of-Mouth via consumer-opinion platforms: what motivates consumers to articulate themselves on the internet? [J].Journal of Interactive Marketing，2004，18（1）：38-52.

[74]Hilbert M，Vásquez J，Halpern D，et al.One step，two step，network step? Complementary perspectives on communication flows in twittered citizen protests[J].Social Science Computer Review，2016，4（35）：444–461.

[75]Hill R A，Dunbar R I.Social network size in humans[J].Human nature，2003，14（1）：53–72.

[76]Ho J Y，Dempsey M.Viral marketing：Motivations to forward online content[J]. Journal of Business research，2010，63（9–10）：1000–1006.

[77]Hoffman D L，Fodor M.Can you measure the ROI of your social media marketing? [J].MIT Sloan Management Review，2010，52（1）：41–49.

[78]Holmes E R，Desselle S P.Evaluating the balance of persuasive and informative content within product–specific print direct–to–consumer ads[J].Drug Information Journal，2004，38（1）：83–98.

[79]Hovland C I，Weiss W.The influence of source credibility on communication effectiveness[J].Public Opinion Quarterly，1951，15（4）：635–650.

[80]Hu N，Liu L，Zhang J J. Do online reviews affect product sales? The role of reviewer characteristics and temporal effects[J]. Information Technology and Management，2008，9（3）：201–214.

[81]Islamer T，Fiebig D G，Meade N. Modelling multinational telecommunications demand with limited data[J].International Journal of Forecasting，2002，18（4）：605–624.

[82]Jadin T，Gnambs T，Batinic B.Personality traits and

knowledge sharing in online communities[J].Computers in Human Behavior，2013，29（1）：210–216.

[83]Jansen B J，Zhang M，Sobel K，et al.Twitter power：Tweets as electronic word of mouth[J].Journal of the American Society for Information Science and Technology，2009，60（11）：2169–2188.

[84]Kacen J J，Lee J A.The influence of culture on consumer impulsive buying behavior[J].Journal of Consumer Psychology，2002，12（2）：163–174.

[85]Kaplan A M，Haenlein M.Two hearts in three–quarter time：How to waltz the social media/viral marketing dance[J].Business Horizons，2011，54（3）：253–263.

[86]Katz E，Lazarsfeld P F.Personal influence，the part played by people in the flow of mass communications[M]. New Brunswick：Transaction Publishers，1966.

[87]Kawakami T，Kishiya K，Parry M E.Personal Word–of–Mouth，virtual Word–of–Mouth，and innovation use[J].Journal of Product Innovation Management，2013，30（1）：17–30.

[88]Keller E，Fay B.The role of advertising in Word–of–Mouth[J].Journal of Advertising Research，2009，49（2）：154–158.

[89]Kennedy B W.Variance component estimation and prediction of breeding values[J].Canadian Journal of Genetics and Cytology，1981，23（4）：565–578.

[90]Kim S H，Park N，Park S H.Exploring the effects of online Word–of–Mouth and expert reviews on theatrical movies'box office success[J].Journal of Media Economics，2013，26（2）：98–114.

[91]Krishnamurthy S，Dou W.Note from special issue editors：Advertising with user-generated content：A framework and research agenda[J].Journal of Interactive Advertising，2008，8（2）：1-4.

[92]Kolar T，Zabkar V.A consumer-based model of authenticity：An oxymoron or the foundation of cultural heritage marketing？[J].Tourism Management，2010，31（5）：652-664.

[93]Kotler P，Bowen J T，Makens J C，et al.Marketing for hospitality and tourism[M]. New Jersey：Prentice hall，2014.

[94]Kumar A，Bezawada R，Rishika R，et al. From social to sale：The effects of firm-generated content in social media on customer behavior[J].Journal of Marketing，2016，80（1）：7-25.

[95]Kwak H，Lee C，Park H，et al.What is Twitter：A cocial network or a news media？[J].Proceedings of the 19th international conference on World Wide Web，2010：591-600.

[96]Java A，Song X，Finin T，et al.Why we Twitter：Understanding microblogging usage and communities[J].In Proceedings of the 9th WebKDD and 1st SNA-KDD 2007 Workshop on Web Mining and Social Network Analysis，2007：56-65.

[97]Jensen K B.Media convergence：The three degrees of network，mass and interpersonal communication[M]. London；New York：Routledge，2010.

[98]Lacy S，Riffe D.Sampling error and selecting intercoder reliability samples for nominal contentcategories：Sins of omission and commission in mass communication quantitative research[J].Journalism & Mass Communication Quarterly，1996，73（4）：969973.

[99]Lazarsfeld P F，Berelson B，Gaudet H.The people's choice：How the voter makes up his mind in a presidential campaign[M].New York：Columbia University Press, 1968.

[100]Lastovicka J L.Questioning the concept of involvement defined product classes[J].Advances in Consumer Research，1979，6（1）：174–179.

[101]Laroche M，Habibi M R，Richard M O，et al.The effects of social media based brand communities on brand community markers，value creation practices，brand trust and brand loyalty[J].Computers in Human Behavior，2012，28（5）：1755–1767.

[102]Laroche M，Habibi M R，Richard M O.To be or not to be in social media：How brand loyalty is affected by social media? [J].International Journal of Information Management，2013，33（1）：76–82.

[103]Lavidge R J，Steiner G A.A model for predictive measurements of advertising effectiveness[J].Journal of Marketing，1961，25（10）：59–62.

[104]Lee S，Hwang T，Lee H H.Corporate blogging strategies of the fortune 500 companies[J].Management Decision，2006，44（3）：316–334.

[105]Libai B，Bolton R，Bügel M S，et al.Customer–to–Customer interactions：Broadening the scope of Word–of–Mouth research[J].Journal of Service Research，2010，13（3）：267–282.

[106]Liaukonyte J，Teixeira T，Wilbur K C.Television advertising and online shopping[J].Marketing Science，2015，34（3）：311–330.

[107]Lin D Y, Psaty B M, Kronmal R A.Assessing the sensitivity of regression results to unmeasured confounders in observational studies[J].Biometrics, 1998, 54（3）: 948–963.

[108]Li T, Berens G, De Maertelaere M.Corporate Twitter channels:The impact of engagement and informedness on corporate reputation[J].International Journal of Electronic Commerce, 2013, 18（2）: 97–126.

[109]Liu Y.Word-of-Mouth for movies: Its dynamics and impact on box office revenue[J].Journal of Marketing, 2006, 70（3）: 74–89.

[110]Logan K, Bright L F, Gangadharbatla H.Facebook versus television: Advertising value perceptions among females[J].Journal of Research in Interactive Marketing, 2012, 6（3）: 164–179.

[111]Malhotra A, Malhotra C K, See A.How to get your messages retweeted[J].MIT Sloan Management Review, 2012, 53（2）: 61–66.

[112]Mangold W G, Faulds D J.Social media: The new hybrid element of the promotion mix[J].Business Horizons, 2009, 52（4）: 357–365.

[113]Martin C L.Relationship marketing: A high-involvement product attribute approach[J].Journal of Product & Brand Management, 1998, 7（1）: 6–26.

[114] J G Maxham III. Service recovery's influence on consumer satisfaction, positive Word-of-Mouth, and purchase intentions[J]. Journal of Business Research, 2001, 54（1）: 11–24.

[115]Mazzarol T, Sweeney J C, Soutar G N.Conceptualizing Word-of-Mouth activity, triggers and conditions: An exploratory

study[J].European Journal of Marketing, 2007, 41 (11/12): 1475-1494.

[116]Mcalexander J H, Schouten J W, Koenig H F.Building brand community[J].Journal of Marketing, 2002, 66 (1): 38-54.

[117]Mccaffrey D F, Ridgeway G, Morral A R.Propensity score estimation with boosted regression for evaluating causal effects in observational studies[J].Psychological Methods, 2004, 9 (4): 403-425.

[118]Mennis J.Generating surface models of population using dasymetric mapping[J].The Professional Geographer, 2003, 55 (1): 31-42.

[119]Meenaghan T.The role of advertising in brand image development[J].Journal of Product & Brand Management, 1995, 4 (4): 23-34.

[120]Mittal B.Must consumer involvement always imply more information search[J].Advances in Consumer Research, 1989, 16 (1): 167-172.

[121]Mohr J, Nevin J.Communication strategies in marketing channels: A theoretical perspective[J].Journal of Marketing, 1990, 54 (4): 36-51.

[122]Mudambi S M, Schuff D.What makes a helpful online review? A study of customer reviews on amazon.com[J].MIS Quarterly, 2010, 34 (1): 185-200.

[123]Muncy J A, Hunt S D.Consumer involvement: Definitional issues and research directions[J].Advances in Consumer Research,

1984，11（1）：193–196.

[124]Muniz Jr A M，O'guinn T C.Brand Community[J].Journal of Consumer Research，2001，27（4）：412–432.

[125]Muntinga D G，Moorman M，Smit E G.Introducing cobras：Exploring motivations for brand–related social media use[J].International Journal of Advertising，2011，30（10）:13–46.

[126]Nan X，Faber R J.Advertising theory：Reconceptualizing the building blocks[J]. Marketing Theory，2004（4）：7–30.

[127]Naylor R W，Lamberton C P，West P M.Beyond the "like" button：The impact of mere virtual presence on brand evaluations and purchase intentions in social media settings[J].Journal of Marketing，2012，76（6）：105–120.

[128]Nelson P.Advertising as information[J].Journal of Political Economy，1974，82（4）：729–754.

[129]Ngai E W T，Tao S S C，Moon K K L.Social media research：Theories，constructs，and conceptual frameworks[J].International Journal of Information Management，2015，35（10）：33–44.

[130]Ofir C，Simonson I.The effect of stating expectations on customer satisfaction and shopping experience[J].Journal of Marketing Research，2007，44（1）：164–174.

[131]Onishi H，Manchanda P.Marketing activity，blogging and sales[J].International Journal of Research in Marketing，2012，29（3）：221–234.

[132]Parent M，Plangger K，Bal A.The new WTP：Willingness to Participate[J].Business Horizons，2011，54（3）：219–229.

[133]Park C，Lee T M.Information direction，website reputation and eWOM effect：A moderating role of product type[J].Journal of Business Research，2009，62（1）：61–67.

[134]Park C W，Jaworski B J，Maclnnis D J.Strategic brand concept–image management[J].Journal of Marketing，1986，50（4）：135–145.

[135]Park C W，Moon B J.The relationship between product involvement and product knowledge：Moderating roles of product type and product knowledge type[J].Psychology & Marketing，2003，20（11）：977–997.

[136]Park D H，Lee J，Han I.The effect of on–line consumer reviews on consumer purchasing intention：The moderating role of involvement[J].International Journal of Electronic Commerce，2007，11（4）：125–148.

[137]Park D H，Kim S.The effects of consumer knowledge on message processing of electronic Word–of–Mouth via online consumer reviews[J].Electronic Commerce Research and Applications，2009，7（4）：399–410.

[138]Peters K，Chen Y，Kaplan A M，et al.Social media metrics——A framework and guidelines for managing social media[J].Journal of Interactive Marketing，2013，27（4）：281–298.

[139]Petty R E，Cacioppo J T.The elaboration likelihood model of persuasion[M]. New York：Springer，1986.

[140]Poch R，Martin B.Effects of intrinsic and extrinsic motivation on user–generated content[J].Journal of Strategic Marketing，2015，23

（40）：305–317.

[141]Preacher K J，Hayes A F.Asymptotic and resampling strategies for assessing and comparing indirect effects in multiple mediator models[J].Behavior Research Methods，2008，40（3）：879–891.

[142]Punj G N，Staelin R.A model of consumer information search behavior for new automobiles[J].Journal of Consumer Research，1983，9（4）：366–380.

[143]Quester P，Lin A.Product involvement/brand loyalty：Is there a link？[J].Journal of Product & Brand Management，2003，12（1）：22–38.

[144]Resnik A，Stern B L.An analysis of informative content in television advertising[J].Journal of Marketing，1977，41（1）：50–53.

[145]Rioux K.Sharing information found for others on the world wide web：A preliminary examination[J].In Proceedings of the ASIS Annual Meeting，2000（37）：68–77.

[146]Rishika R，Kumar A，Janakiraman R，et al.The effect of customers'social media participation on customer visit frequency and profitability：An empirical investigation[J].Information Systems Research，2013，24（1）：108–127.

[147]Rosario A B，Sotgiu F，De Valck K，et al.The effect of electronic word of mouth on sales：A meta–analytic review of platfor，product，and metric factors[J].Journal of Marketing Research，2016，53（3）：297–318.

[148]Rosenbaum P R.Observational Studies[M]. New York：Springer，2002.

[149]Rosenbaum P R，Rubin D B.The central role of the propensity score in observational studies for causal effects[J].Biometrika，1983，70（1）：41–55.

[150]Rosenbaum P R，Rubin D B.Constructing a control group using multivariate matched sampling methods that incorporate the propensity score[J].The American Statistician，1985，39（1）：33–38.

[151]Rubin D B，Thomas N.Matching using estimated propensity scores：Relating theory to practice[J].Biometrics，1996，52（1）：249–264.

[152]Rui H，Liu Y，Whinston A.Whose and what chatter matters? The effect of tweets on movie sales[J].Decision Support Systems，2013，55（4）：863–870.

[153]Ryan R M，Deci E L.Intrinsic and extrinsic motivations：Classic definitions and new directions[J].Contemporary Educational Psychology，2000，25（1）：54–67.

[154]Sabate F，Berbegal–Mirabent J，Cañabate A，et al.Factors influencing popularity of branded content in facebook fan pages[J].European Management Journal，2014（32）：1001–1011.

[155]Schreiner N，Pick D，Kenning P.To share or not to share? Explaining willingness to share in the context of social distance[J].Journal of Consumer Behaviour，2018，17（4）：366–378.

[156]Senecal S，Nantel J.The influence of online product recommendations on consumers' online choices[J].Journal of Retailing，2004，80（2）：159–169.

[157]Shao K.The effects of controversial reviews on product sales

performance：The mediating role of the volume of word of mouth[J]. International Journal of Marketing Studies，2012，4（4）：32–38.

[158]Smith A N，Fischer E，Yongjian C.How does brand-related user-generated content differ across Youtube，Facebook，and Twitter?[J].Journal of Interactive Marketing，2012，26（2）：102–113.

[159]Sobel M E.Some new results on indirect effects and their standard errors in covariance structure models[J].Sociological Methodology，1986（16）：159–186.

[160]Solomon M，Bamossy G J，Askegaard S，et al.Consumer behavior：A european perspective[M].3rd Ed.London：Prentice Hall，2006.

[161]Steffes E M，Burgee L E.Social ties and online Word-of-Mouth[J].Internet Research，2009，19（1）：42–59.

[162]Stuart E A.Matching methods for causal inference：A review and a look forward[J].Statistical Science，2010，25（1）：1–21.

[163]Suh J C，Youjae Y.When brand attitudes affect the customer satisfaction-loyalty relation：The moderating role of product involvement[J].Journal of Consumer Psychology[J]，2006，16（2）：145–155.

[164]Sundaram D S，Mitra K，Webster C.Word-of-Mouth communications：A motivational analysis[J].ACR North American Advances，1998（25）：527–531

[165]Sussman S W，Siegal W S.Informational influence in organizations：An integrated approach to knowledge adoption[J]. Information Systems Research，2003，14（1）：47–65.

[166]Tang Q，Gu B，Whinston A B.Content contribution for revenue sharing and reputation in social media：A dynamic structural model[J].Journal of Management Information Systems，2012，29（2）：41–76.

[167]Te'Eni–Harari T，Lehman–Wilzig S N，Lampert S I.The importance of product involvement for predicting advertising effectiveness among young people[J]. International Journal of Advertising，2009，28（2）：203–229.

[168]Thompson D V，Malaviya P.Consumer–generated ads：Does awareness of advertising Co–Creation help or hurt persuasion?[J]. Journal of Marketing，2013，77（3）：33–47.

[169]Traylor M B.Product involvement and brand commitment[J]. Journal of Advertising Research，1981，21（6）：51–56

[170]Tucker C E.The reach and persuasiveness of viral video ads[J]. Marketing Science，2014，34（2）：281–296.

[171]Vakratsas D，Ambler T.How advertising works：What do we really know?[J].The Journal of Marketing，2004（63）：26–43.

[172]Vann J W.A multi–distributional，conceptual framework for the study of perceived risk[J].Advances in Consumer Research，1984，11（1）：442–446.

[173]Venkatraman M P.Investigating differences in the roles of enduring and instrumentally involved consumers in the diffusion process[J].Advances in Consumer Research，1988，15（1）：299–303.

[174]Warrington P，Shim S.An empirical investigation of the relationship between product involvement and brand commitment[J].

Psychology & Marketing，2000，17（9）：761–782.

[175]Weathers D，Sharma S，Wood S L.Effects of online communication practices on consumer perceptions of performance uncertainty for search and experience goods[J].Journal of Retailing，2007，83（4）：393–401.

[176]Wooldridge J M.Econometric analysis of cross sectional data and panel data[M]. Cambridge and London：MIT press，2002.

[177]Wooldridge J M.Control function methods in applied econometrics[M].Journal of Human Resources，2015，50（2）：420–445.

[178]Ye Q，Law R，Gu B，et al.The influence of user–generated content on traveler behavior：An empirical investigation on the effects of E–Word–of–Mouth to hotel online bookings[J].Computers in Human Behavior，2011，27（2）：634–639.

[179]Zaichkowsky J L.Measuring the involvement construct[J]. Journal of Consumer Research，1985，12（3）：341–352.

[180]Zeng X，Wei L.Social ties and user content generation：Evidence from Flickr[J]. Information Systems Research，2013，24（1）：71–87.

[181]Zhang M，Jansen B J，Chowdhury A.Business engagement on Twitter：A path analysis[J].Electronic Markets，2011，21（3）：161–175.

[182]Zhang W，Watts S A.Capitalizing on content：Information adoption in two online communities[J].Journal of the Association for Information Systems，2008，9（2）：73.

[183]Zhu F，Zhang X.Impact of online consumer reviews on sales：The moderating role of product and consumer characteristics[J].Journal of Marketing，2010，74（2）：133–148.

[184] 毕继东 . 网络口碑对消费者购买意愿影响实证研究 [J]. 情报杂志，2009，28（11）：46–51.

[185] 蔡剑，詹庆东．研究生群体网络信息分享行为动机研究 [J]. 图书情报知识，2012（2）：81–86.

[186] 柴海燕，郑妮靖 . 网络口碑信息传播动机与内容表达实证研究 [J]. 湖北农业科学，2019，58（21）：230.

[187] 陈静宇，王春国，唐小飞 . 新媒体传播对转发意愿及品牌态度的影响研究 [J]. 科研管理，2014（6）：129–135.

[188] 陈欣，朱庆华，赵宇翔 . 基于 Youtube 的视频网站用户生成内容的特性分析 [J]. 图书馆杂志，2009，28（9）：51–56.

[189] 龚诗阳，刘霞，刘洋，等 . 网络口碑决定产品命运吗——对线上图书评论的实证分析 [J]. 南开管理评论，2012（4）：118–128.

[190] 胡发刚，张英彦 . 网络口碑的内涵、分类及其对消费者购买意愿的影响 [J]. 编辑之友，2018（9）：68–72.

[191] 黄敏学，王峰，谢亭亭 . 口碑传播研究综述及其在网络环境下的研究初探 [J]. 管理学报，2010（1）：138–146.

[192] 金永生，王睿，陈祥兵 . 企业微博营销效果和粉丝数量的短期互动模型 [J]. 管理科学，2011，24（4）：71–83.

[193] 赖胜强 . 影响用户微博信息转发的因素研究 [J]. 图书馆工作与研究，2015（8）：31–37.

[194] 李晓娥 .SNS 社交网站信息分享行为的影响因素 [J]. 媒体时代，2011（4）：18–21

[195] 李志飞 . 体验活动对冲动性购买行为的影响：情感反应视角 [J]. 心理科学，2007（3）：708–711.

[196] 李志宏，李敏霞，何济乐 . 虚拟社区成员知识共享意愿影响因素的实证研究 [J]. 图书情报工作，2009，53（12）：53.

[197] 刘凤军，孟陆，陈斯允，等 . 网红直播对消费者购买意愿的影响及其机制研究 [J]. 管理学报，2020，17（1）：94–104.

[198] 单春玲，赵含宇 . 社交媒体中商务信息转发行为研究——基于强弱关系理论 [J]. 现代情报，2017，37（10）：16–22.

[199] 孙会，李丽娜 . 高频次转发微博的特征及用户转发动机探析——基于新浪微博“当日转发排行榜”的内容分析 [J]. 现代传播：中国传媒大学学报，2012，34（6）：137–138.

[200] 孙天旭 . 内容营销对消费者购买意愿的影响研究 [D]. 哈尔滨：哈尔滨工业大学，2016.

[201] 汪旭晖，李璐琳，陈凤麟 . 移动视频 UGC 如何影响品牌权益——内容类型和信息框架的作用 [J]. 财经论丛，2019（5）：83–93.

[202] 王怀明 . 理性广告和情感广告对消费者品牌态度的影响 [J]. 心理学动态，1999（1）：56–59.

[203] 吴锦峰，常亚平，侯德林 . 网络商店形象对情感反应和在线冲动性购买意愿的影响 [J]. 商业经济与管理，2012（8）：35–44.

[204] 杨学成，兰冰 . 转发动机视角下的微博沟通策略研究 [J]. 北京邮电大学学报（社会科学版），2014（3）：13–21.

[205] 张剑，郭德俊 . 内部动机与外部动机的关系 [J]. 心理科学进展，2003（5）：545–550.

[206] 张晶，黄京华，黎波，等 . 新浪企业微博口碑传播的实证研究 [J]. 清华大学学报（自然科学版），2014（5）：649–654.

[207] 赵宇翔，范哲，朱庆华．用户生成内容（UGC）概念解析及研究进展 [J]. 中国图书馆学报，2012，38（5）：68–81.

[208] 郑显亮．大学生网络利他行为：量表编制与多层线性分析 [D]. 上海：上海师范大学，2010.

[209] 周懿瑾，陈嘉卉．社会化媒体时代的内容营销：概念初探与研究展望 [J]. 外国经济与管理，2013，35（6）：61–72.

附录A　社会化媒体特征的影响估计方法

在第三章，我们用模型（3-3）分析微淘粉丝数对企业销售收入的影响。

$$\ln halfyearsales_i = \alpha_0 + \alpha_1 \ln follower_i + \alpha_2 \ln monthcomment_i + \alpha_3 \ln weekcomment_i + \alpha_4 \ln registerday_i + \alpha_5 score_i + \eta_i$$

考虑到 $\ln follower$ 和 η 具有一定相关性，为准确估计各变量的系数，我们选取 $\ln halfyearsales_0$，即店铺开通微淘半年前的销量，作为工具变量。模型如下。

$$\ln follower_i = \varphi_0 + \varphi_1 \ln halfyearsales_{0i} + \varphi_2 \ln monthcomment_i + \varphi_3 \ln weekcomment_i + \varphi_4 \ln registerday_i + \varphi_5 score_i + \omega_i \quad (A-1)$$

具体估计过程如下。

首先，我们对模型（A-1）进行 OLS 估计，以获取 $\hat{\omega}_i$。

其次，将 $\hat{\omega}_i$ 加入模型（3-3），利用 OLS 估计各变量的系数。

模型（3-4）的估计过程与模型（3-3）类似。但是，考虑到 *weitaonum*（博文数量）的过度分散，我们使用了广义负二项模型（Generalized Negative Binomial Model，GNBM）获取 $\hat{\omega}_i$。其中模型的过度分散系数与 $\ln halfyearsales_0$ 直接相关。

附录 B　敏感性分析结果

为检验“干预分配的忽略假定”是否成立，根据 Rosenbaum（2002）和 McCaffrey 等（2004）提出的检验程度，我们进行了中介效应分析，以检验是否存在未观察到的变量同时影响店铺开通微淘的决定和店铺销售收入。隐性偏差存在，表示具有相同协变量取值的店铺，开通微淘的可能性不同。也就是说，隐性偏差存在时，存在未观察到的随机变量影响结果。我们假定隐性偏差的强度为 Δ，Δ 的值越大，隐性偏差越大。如果店铺开通微淘的决策不随 Δ 变大而改变，我们可以认为即使获取了其余变量，我们的研究结果也不会发生改变。对一个给定的 Δ 值，我们限定了可能的隐性偏差。敏感性分析的过程如下。

选取一个 1 附近的合适的 Δ。

（1）寻找向量 a，最小化$S=\frac{\sum_{i=1}^{N_c} a_i w_i y_i}{\sum_{i=1}^{N_c} a_i w_i}$，其中 $1/\Delta < a_i < \Delta$，这里，$w_i=\frac{p(x_i)}{1-p(x_i)}$，$p(x_i)$ 为第 i 个样本的倾向性得分；y_i 为结果变量。因此，我们可以获取上限$\bar{y}[ifweitao=1]-S$。其中$\bar{y}[ifweitao=1]-S$表示处理效应。

（2）重复步骤（1），最大化 S 的值，获取处理效应的最小值。

（3）增加 Δ 的值，重复步骤（1）和（2），直至 S 与实验组的均值相等，即处理效应的估计值为 0。

经计算，文具类店铺的 Δ 值为 2.1，化妆类店铺的 Δ 值为 1.3（见表 B–1、表 B–2），表明对于文具类店铺，社会化媒体推广效果不易受到未观察到的变量影响，而对于化妆类店铺，社会化媒体营销效果易受到未观察到的变量影响。

表 B–1　文具类店铺敏感性分析结果

Δ	下限	上限
1	1.599	1.599
1.1	1.395	1.804
1.2	1.209	1.991
1.3	1.039	2.163
1.4	0.882	2.322
1.5	0.736	2.470
1.6	0.601	2.609
1.7	0.474	2.738
1.8	0.356	2.859
1.9	0.245	2.974
2	0.140	3.082
2.1	0.040	3.184

表 B–2　化妆类店铺敏感性分析结果

Δ	下限	上限
1	0.089	0.089
1.1	0.061	0.117
1.2	0.036	0.143
1.3	0.013	0.167

附录C　控制方程估计过程

为解决倾向性匹配得分过程中的隐性偏差问题，店铺开通微淘前后的销售收入可表示为模型（3–5）。

$$\ln halfyearsales_i = \gamma_0 + \gamma_1 Ifweitao_i + \gamma_2 Aweitao_i + \gamma_3 Ifweitao_i \times Aweitao_i + \Pi CV_i + \tau_i$$

其中内生变量 *Ifweitaoi* 可以被写为模型（3–6）。

$$Ifweitao_i = 1[\Omega CV_i + e_i \geq 0]$$

假设:（1）τ 和 e 独立于外生变量 CV;（2）e 服从正态分布;（3）E（$\tau|e$）$=e$。

在以上假设成立的情况下，我们采用以下程序计算以上控制方程模型的系数。

$$\begin{aligned} E(\ln halfyearsales|Ifweitao, CV) = {} & \gamma_0 + \gamma_1 Ifweitao + \gamma_2 Aweitao + \gamma_3 Ifweitao \times Aweitao \\ & + \Pi CV + E(\tau| Ifweitao, CV) \end{aligned}$$

（C–1）

$$\begin{aligned} E(\tau \mid Ifweitao, CV) &= E(E(\tau \mid CV, e) \mid Ifweitao, CV) = \rho_1 E(e \mid Ifweitao, CV) \\ &= \rho_1[Ifweitao\lambda(\Omega CV) - (1 - Ifweitao)\lambda(-\Omega CV)] \end{aligned} \quad \text{（C–2）}$$

其中 λ（·）$=\varphi$（·）Φ（·）是逆米尔斯比率，φ（·）表示正态分布的概率密度函数，Φ（·）表示正态分布的累积分布函数。我们可以将 E（τ ｜ *Ifweitao*，*CV*）代入 E（ln *halfyearsales* ｜ *Ifweitao*，*CV*），得到下式。

$$E(\ln halfyearsales \mid Ifweitao, CV) = \gamma_0 + \gamma_1 Ifweitao + \gamma_2 Aweitao + \gamma_3 Ifweitao \times Aweitao + \Pi CV \\ + \rho_1[Ifweitao\lambda(\Omega CV) - (1 - Ifweitao)\lambda(-\Omega CV)]$$

（C–3）

基于以上分析，我们利用以下程序估计模型系数。

首先，我们利用 Probit 估计获取 $\hat{\Omega}$，从而获得了模型（3–6）的一般残差。

$\widehat{gr}_i = Ifweitao_i\lambda(\Omega CV_i) - (1 - Ifweitao_i)\lambda(-\Omega CV_i)$，$i$=1，2，…，N

其次，我们将 ln $halfyearsales_i$ 基于其余模型（3–5）中的所有自变量和回归。回归估计结果一致。如果系数 γ_3 显著为正，则可以认为社会化媒体营销对企业销售收入有显著正向影响。

附录D　调查问卷

一、调查问卷场景设定

在第七章中，我们将手机和咖啡作为高涉入度产品和低涉入度产品，以此为分组依据，制作了除产品外完全相同的两份问卷。

问卷场景分别如下。

1. 高涉入度产品场景：手机

您在社交平台上看到了这样一条“转发抽奖”微博：转发该微博即有机会获得一台 iPhone11。

2. 低涉入度产品场景：咖啡

这一部分，您需要假设如下情景。

瑞幸咖啡推出了“分享领券”活动：当您登录该 App 后，将会获得 1 张 3.8 折产品优惠券；分享这条邀请链接给好友，好友也可获得 1 张 3.8 折优惠券；当好友完成消费后，您将再获得 1 张 3.8 折产品优惠券。

二、调查问卷问题

1. 产品涉入度及分享意愿

第 1 题 对于该产品，您认为：

题目\选项	很不同意	不同意	一般	同意	很同意
该产品和我的生活是紧密相关的	○	○	○	○	○
该产品对我而言是重要的	○	○	○	○	○
我被该产品所吸引	○	○	○	○	○
该产品对我而言是有趣的	○	○	○	○	○
当提到该产品，我感到颇有兴趣	○	○	○	○	○
该产品对我而言是特别有意义的	○	○	○	○	○
我认为我需要该产品	○	○	○	○	○
我想进一步了解该产品	○	○	○	○	○

第 2 题 您认为分享这条内容后：

题目\选项	很不同意	不同意	一般	同意	很同意
我有机会获得经济回馈	○	○	○	○	○
我有机会获得一定经济奖励	○	○	○	○	○

第 3 题 对于这条内容，您的分享意愿是：

题目\选项	很不同意	不同意	一般	同意	很同意
我愿意把这条内容分享到微博 / 微信朋友圈 /Twitter 等开放平台上	○	○	○	○	○
我愿意把这条内容分享到微信 /QQ/ Line 等社交平台的私聊中	○	○	○	○	○

我愿意通过社交媒体的其他功能将信息分享给亲友	○	○	○	○	○
我愿意把这条内容分享给社交平台上的其他用户	○	○	○	○	○
当提到该产品，我感到颇有兴趣	○	○	○	○	○
该产品对我而言是特别有意义的	○	○	○	○	○
我认为我需要该产品	○	○	○	○	○
我想进一步了解该产品	○	○	○	○	○

第 4 题 您此前是否是这一产品或品牌的用户：

是 ○

否 ○

2. 您的基本信息及网络使用情况

这一部分您只需按照实际情况填写即可。

第 5 题 您平时在使用网络时：

题目\选项	很不同意	不同意	一般	同意	很同意
在网上分享自己的生活体验	○	○	○	○	○
在社交平台上发表个人意见	○	○	○	○	○
在网上向他人推荐您认为优质的产品	○	○	○	○	○
对网络上的提问给予回答	○	○	○	○	○
在网络上参与话题讨论	○	○	○	○	○
在网络上发布您认为有用的信息	○	○	○	○	○
在网络上给予他人关心 / 安慰 / 祝福	○	○	○	○	○

第 6 题 您的性别：

男 ○

女 ○

第 7 题 您的职业：

军人 ○

教师 ○

在校学生 ○

国家机关、企事业单位负责人 ○

专业技术人员 ○

商业、服务业人员 ○

农、林、牧、渔、水利业生产人员 ○

自由职业 ○

未被包含的其他从业人员 ○

第 8 题 您每天在社交媒体平台（微信、微博、QQ、Instagram、Facebook、Twitter 等）上面花费的时间：

半小时以下 ○

0.5 ~ 1 小时 ○

1 ~ 2 小时 ○

2 ~ 3 小时 ○

3 ~ 4 小时 ○

4 ~ 5 小时 ○

5 小时以上 ○

第9题 您的年龄段：

18岁以下　○

18～22岁　○

23～30岁　○

31～40岁　○

41～50岁　○

51～60岁　○

第10题 您目前获得的最高学历（含在读）：

高中及以下　○

大专　○

本科　○

硕士　○

博士　○

第11题 您的月收入（人民币：元）：

3000以下　○

3000～6000　○

6000～9000　○

9000～12000　○

12000以上　○